大展好書　好書大展
品嘗好書　冠群可期

大展好書　好書大展
品嘗好書　冠群可期

楊式太極拳 15

拳療百病

39式楊氏養生太極拳

附DVD

戈金剛 戈美葳　著

大展出版社有限公司

戈金剛和恩師楊振鐸（左）
研討楊氏太極拳

戈金剛與太極名家王培生（左）

　　1985年，戈金剛在被派到北京外國語學院（今北京外國語大學）參加「聯合國譯訓班」期間，常利用業餘時間到王培生老師位於金魚胡同的家中求教，專練攻防技術

4

戈戈金剛與恩師楊振鐸（右），
拍攝於1985年

戈金剛和時年90
歲的恩師
楊振鐸（右）切
磋太極推手，拍
攝於2015年

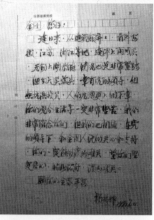

1991年7月，無錫發生洪水災害，恩
師楊振鐸來信問候

楊振鐸頒發給戈金剛的入室弟子證書

恩師楊振鐸為戈金剛題詞

戈金剛（後排右二）2004年參加中國中醫研究院培訓中心進修班

養展太極拳
運動弘揚祖
國醫學

金剛賢弟

一九九年八月廿二日

著名針灸專家李丁為戈金剛題詞

序

　　傳統楊氏太極拳是「運動醫學」中的一枝奇葩，其健身養生、袪病延年的效果已經被實踐所證明。我的弟子戈金剛出身於中醫世家，隨我學拳近40年，勤奮好學，尊師重道。1999年，他又在國家體育總局主辦的「國家級社會體育指導員」崗位培訓班系統學習了健身醫療知識。在實踐中他把楊氏太極拳和醫學結合，治癒了很多患者，並在2007年撰寫了《拳療百病》一書，受到了廣大讀者的歡迎。

　　隨著全民健身工作的推進，以及運動醫學服務需求的不斷增加，希望弟子戈金剛繼續將楊氏太極拳的理念發揚光大，將楊氏太極拳與養生、健身和康復治療相融合，在全民科學健身、慢性病預防和康復等方面進一步做出貢獻。

93歲的楊振鐸宗師為弟子戈金剛的新書作序

前 言

前言

　　傳統楊氏太極拳，歷經百餘年而不衰。實踐證明，它不僅是武術、健身術，也是醫術，是中華傳統文化之瑰寶。

　　39式楊氏養生太極拳，是在傳統103式楊氏太極拳的基礎上，刪除其重複動作改編而成。它繼承了傳統103式楊氏太極拳的緩慢柔和、式式均勻、姿勢舒展、注重內涵、動作優美、老少皆宜等特點，同時注重每招每式的醫理作用，啟動經脈，疏通氣血，達到陰陽平衡，祛病強身的作用。

　　39式楊氏養生太極拳的編排適應時代的發展需求。

　　首先，演練這套拳法只需10～12分鐘，適合當今人們快節奏的生活方式。據有關研究證實，持續10分鐘以上的鍛鍊就可以使全身的經絡活躍起來，從而對全身各個系統、器官進行全面調整，使人體保持健康狀態。

　　其次，演練39式楊氏養生太極拳所需場地不大，只要3公尺長、2公尺寬的地方即可，因此，它不僅適合在公園、空地，也適合在居家客廳、辦公室等地方演練。

　　不同於其他太極拳的是，39式楊氏養生太極拳將體育鍛鍊與醫療保健相結合，突出了防治疾病的功能。

　　筆者出身於中醫和武術世家，從小耳濡目染養生之道，5歲時開始練拳，至今已70年，係正宗正脈楊氏太極拳第四代嫡傳人楊振鐸宗師的首批入室弟子。20世紀90年代，曾三次到中國武協武術研究院深造，學習多種武術套路和武功醫療，是上海體育學院第三期國家級社會體育指導員，獲得國家體育總局授予「全國優秀社會體育指導員」稱號。

　　為深入研究「運動是良醫，運動是良藥」的內涵，筆者十分注重鑽研醫學，獲得衛生部頒發的針灸師證書和高級按摩師證，多次在中國中醫研究院進修並在韋貴康國醫大師主辦的「韋氏傷科及中西醫結合治療骨與關節損傷與疾病進展」學習班學習。筆者將這些醫療方法和臨床經驗融進39式楊氏養生太極拳裡，對習練者起到了健身

康復的作用。

為豐富本書內容，筆者特地拍攝了教學影片，透過「穴位講解」「跟我學」「完整示範」「拳療醫理」等多種角度和形式進行講解和演示，在書中掃描相應位置的二維碼即可觀看，此種形式對讀者理解本書內容一定有很大說明。希望更多有健身需求和康復需求的朋友們能從本書獲益。

本書在編寫過程中，得到我師楊振鐸宗師、國際楊氏太極拳協會會長楊軍的大力支持，在此謹表示衷心感謝。

戈金剛

目　錄

壹　緒　論

● 太極拳的健身和養生原理

據傳說，1860年，位於北京平安里西大街的瑞王府裡，搭起了擂臺，一位來自河北永年縣的青年楊露禪打遍京城無對手，被稱為「楊無敵」。

如果楊露禪到此為止，那麼他也不過是一個武林高手而已，但楊露禪的特殊經歷和特殊機遇，幫助他創造了中國武術史上一個更大的奇蹟。

楊露禪的武藝學自河南陳家溝，但人們很快發現楊氏太極拳和陳氏太極拳在走架、打手風格上都有很大的差別，甚至格格不入，有人甚至懷疑楊氏太極拳是否真的出自陳家溝，比如，陳氏太極拳像纏一根絲，講究螺旋式運力；楊氏太極拳則像抽一根絲，是一種向前的穿透力，強調連綿不斷。後來人們才知道，楊露禪把陳家溝的武功給改了。為什麼要改呢？

原來，楊露禪在京城成名以後，很多達官貴人跑來向他學太極拳，下到低級軍官，上到親王貝勒，楊露

禪發現這些人教起來很困難。

首先，八旗子弟長期養尊處優體能退化，已經不適於練習激烈兇猛的套路；其次，做官做到一定級別就要有官派，否則會被人認為不穩重，一些翻滾騰挪的動作與他們身份不符；而更深刻的原因是，當時的晚清，冷兵器時代已經過去，武術的戰爭意義急劇下降，即使一些兇狠的武功招式也在戰爭中沒有用場。

所以，楊露禪把高難度的和兇猛的動作通通砍掉。為了間歇性地發力，傳統的陳氏太極拳動作一下快一下慢；楊氏太極拳去掉了發力，其快慢是均勻的；楊氏太極拳裡沒有跳躍的動作，連跺腳都去掉了。他這一改革，大大降低了學拳的門檻，不僅達官貴人可以練太極拳，普通老百姓，甚至花甲老人都能練習。

後世的楊氏太極拳家又引進了中醫經絡學，並糅入導引、吐納等技巧，其健身養生、祛病延年的效果已經被實踐所證明，因此，楊氏太極拳又被稱為健身養生拳。

近年來，太極拳在臨床治療中取得了一系列成果，已被國內外醫院和療養院廣泛採用，被列為綜合療法的一項重要內容，是世界公認的醫療體育項目之一。以傳統103式楊氏太極拳為藍本，結合50多年的教學和中醫養生臨床經驗，編創而成的39式楊氏養生太極拳，不僅是一種合乎生理和體育原理的健身運動，也是一種治療疾病的有效手段。其健身和養生原理如下。

鍛鍊神經系統，提高感官功能

人體的各種活動，依賴於大腦皮質神經細胞的興奮與抑制的調節，動作的變化、協調和平衡都得由中樞神經系統來指揮。

練習39式楊氏養生太極拳時，要求精、氣、神統一，排除雜念。這樣，人的思想始終集中在動作上，使神經系統受自我意念控制的能力得到提高，就能迅速、正確地傳達和接受各器官系統變換動作的訊息。隨著練拳功力的不斷提高，肌肉收縮和舒張的交替、轉換能力也隨之增強，神經系統控制活動過程的均衡性和靈活性愈來愈高，從而使神經系統的功能得以不斷改善。

有利於慢性病康復

39式楊氏養生太極拳採用意識和運動相結合的鍛鍊方法，演練時，大腦皮質運動中樞和第二信號系統處於高度的興奮狀態（即興奮集中在很小的一定區域），而皮質的其他區域則處於抑制狀態，這樣就使大腦得到充分的休息，人體就能很快地消除疲勞。這對於慢性病患者尤為重要，因為大腦的充分休息，打破了疾病的病理興奮灶，有利於修復和改善高級神經中樞的功能，使內臟器官的病灶獲得修復和改善。

中醫經絡學說提到，腕部有一段橈動脈管，稱作「氣口」，是「脈會太淵」的百脈之氣彙聚之「淵」，

與全身經脈相通。練拳時不斷地旋腕和「坐腕」，就是不斷地刺激這段「氣口」。

多注重腕部鍛鍊，對加強心、肺、肝、膽、脾、胃、腎、膀胱、大腸和小腸的功能很有好處，同時也對防治這些臟腑的疾病有幫助。

有利於保護、健全、恢復視力

人對自然界的感知資訊80％是來自視覺。進入眼睛的光先由角膜再由晶狀體，使光線折射聚焦在視網膜上。當一個人將注視點從近移至遠或從遠移至近時，晶狀體就改變曲度，以便把被注視的物體保持在視網膜上。

練習39式楊氏養生太極拳時，動勢時眼隨手轉，定勢時兩眼向前平視，由近及遠，使視神經和動眼神經得到有規律的鍛鍊，對保護、健全、恢復視力有良好作用。

有利於心臟、血管和淋巴系統的健康

練習39式楊氏養生太極拳時，透過人體各部分肌肉和關節的活動，使各毛細血管舒張，靜脈、淋巴的回流加速，因而減輕心臟的負擔。

太極拳的腹式呼吸，透過膈肌和腹肌收縮與舒張，使腹壓不斷改變。腹壓增高時，腹腔的靜脈受到壓力的作用把血輸入右心房；反之，當腹壓減低時，血液則向

腹腔輸入。

由此提高了心臟血管的功能，促進血液循環，因而加強了心肌的營養作用，有助於保持心臟、血管和淋巴系統的健康。

增強呼吸功能

39式楊氏養生太極拳採用腹式呼吸，要求氣向下沉（即所謂「氣沉丹田」），而且要與動作自然配合，使呼吸逐漸做到「深長、細緩、勻柔」，保持「腹實胸虛」的狀態，即把胸部由於運動而引起的緊張狀態轉移到腹部，使胸部寬舒，腹部放鬆而又充實。

這對保持肺組織彈性、發展呼吸肌、改進胸廓活動度、增加肺活量、提高肺臟的通氣和換氣功能，有良好的作用。堅持長期習練，會減少呼吸頻率，增大肺活量。

促進消化功能和體內物質代謝

練習39式楊氏養生太極拳有利於改善內臟器官的調節過程。膈肌、腹肌的收縮和舒張對肝臟、胃腸也能起到自我「按摩」的作用，使腸、胃、肝、腎隨之發生適當運動，促進肝內血液循環，提高胃腸的張力、蠕動和吸收的能力，增強腎上腺素的分泌功能，改善體內物質代謝（尤其是膽固醇的代謝）。因此，堅持經常練習，可以增進食慾，減少便秘，使血液膽固醇含量下

降，對預防動脈硬化也有良好的作用。

加強肌肉、骨骼和關節的活動

39式楊氏養生太極拳的弧形動作能使全身各部分肌肉群和肌肉纖維參與活動，經過反覆的纏繞旋轉，使肌肉拉長到一般運動所不能達到的長度。如此長年累月一張一弛地鍛鍊，使肌肉柔韌而富有彈性，並增加收縮的能力。

由於肌肉對骨骼的牽拉作用以及新陳代謝的加強，使骨的形態結構和性能都發生良好的變化，骨質也變得堅固，提高骨頭的抗折、抗彎、抗壓縮和抗扭轉性能，不易發生骨科疾病，並延緩骨頭的退行性病變。

同時，由於肌肉和骨骼不斷地做弧形運動，使關節周圍的肌肉、關節囊和關節韌帶受到良好的鍛鍊，增強關節的穩固性、柔韌性和靈活性。特別是對老年人腿力衰退、足膝痿軟、屈伸不利、行走乏力等衰老現象，能起到防治作用。

陰陽平衡，暢通經絡

39式楊氏養生太極拳要求主宰於腰、虛領頂勁、含胸拔背，這是鍛鍊任脈、督脈、帶脈、衝脈的好方法。練習時，腰部鬆沉、豎直微微旋轉，帶動上下肢的動作，這樣既鍛鍊了任、督二脈，又使帶脈沖盈、腎氣充實。

　　39式楊氏養生太極拳要求尾閭中正、氣沉丹田、收腹斂臀。始終注意長強穴鬆沉直豎是「尾閭中正」的關鍵，而長強穴是督脈的絡穴，在整套拳路中不斷地旋轉、擠壓長強穴，能夠起到通調任、督二脈和提攝肛門的作用。督脈為陽脈的總綱，有統帥各陽脈的作用，它能調整和振奮全身陽氣；任脈為「陰脈之海」，絡一身之陰氣。

　　39式楊氏養生太極拳要求纏繞運動勁貫四梢（四梢指兩手、兩足尖端）。練習中動作螺旋式走弧形，為圓弧運動，使肌肉纖維、韌帶和關節在均勻、連貫的反覆旋轉中得到無微不至的活動，調整呼吸，暢通氣血，流轉貫注於四梢，達到「根固則枝榮」的目的。

　　針灸中的流注穴位：井、滎、俞、經、合穴位，就全在「手不過肘，足不過膝」這一區域。從人體神經分佈狀態來看，手足屬於頸胸神經分佈末梢區，較為敏感。因此，透過交感神經、副交感神經的傳導，對內臟能夠起到反射調整的作用。

腹式呼吸，延年益壽

　　39式楊氏養生太極拳的腹式深呼吸運動，有助於調節神經，「按摩」五臟六腑，暢通氣血，促進新陳代謝。調整呼吸，使動作與呼吸自然協調，做到「形神合一」。

　　39式楊氏養生太極拳要求氣沉丹田、氣宜鼓盪，

能夠令人全身精神振作，舒暢自然。腹式呼吸運動是「以意調息」的深呼吸運動，由過膈肌的不斷升降和胸、背及腹部肌肉的弧形鬆沉和旋轉運動，向臍內「丹田」和臍後「命門」之間的神經叢施壓，使「命門之火常煦」，腎上腺素正常分泌，促進內臟的自我「按摩」運動，加強血液循環。

提高免疫功能

39式楊氏養生太極拳運動對免疫系統最顯著的影響是能夠增加細胞因子活性，如能增強自然殺傷細胞（natural killer，NK）細胞活性；對白細胞、淋巴細胞、B細胞等均有調節作用。

太極拳運動與白細胞：

太極拳運動對免疫系統最顯著的影響是引起外周血白細胞增多，其增多的程度隨著運動強度不同而異。

太極拳運動誘發白細胞增多的變化曲線呈雙峰形，運動後幾分鐘內白細胞就開始增多，隨著運動負荷增加，其數量逐漸上升，運動停止後10分鐘白細胞數量開始下降，30分鐘時恢復到運動前水準，2～3小時後會再次升高，24小時完全恢復正常。

太極拳運動和淋巴細胞：

NK細胞是一群具有自然殺傷能力的淋巴細胞。太極拳運動後能使NK細胞活性增加2倍。其原理是NK細胞結合靶細胞比例增加，殺傷頻率加快，殺傷效應細

循環次數增多。

太極拳運動與免疫球蛋白：

練習太極拳時，血清 IgA、IgG、IgM 水準可增加，運動停止後不久即可恢復正常，表明太極拳運動能影響血清免疫球蛋白水準。

預防老年癡呆

太極拳每招每式都有固定套路的運動，一套拳練習下來，如果絲毫不錯，證明你的思維意識流暢不衰，就不易患老年癡呆症。

尤其是 39 式楊氏養生太極拳極其強調動作緩慢均勻，連綿不斷，似行雲流水，保證了在平和狀態下的思維意識連貫。

舉個例子，書寫篆字或隸字，由於其是一個孤立的空間，所以只能一筆一畫地寫；而行書要求一氣呵成連綿不斷，所以可以多字連寫。39 式楊氏養生太極拳中沒有爆發力，沒有斷勁，始終緩慢勻和，不干擾心率。

● 太極拳的鍛鍊要領

身 心

身 形

人的健康有賴於科學的運動。39 式楊氏養生太極

拳套路的運動，順自然，合生理。

開始演練之前，頭要正直，百會穴要始終貫氣上引。身體要端正自然，避免挺胸、凸肚、低頭、彎腰、弓背、翹臀等現象。

練拳時，動作要輕鬆柔和，不可用拙力、僵勁。要做弧形或環形或旋轉運動，逐漸做到各個肌肉群和關節都無有不動，相互協調，使肌肉運動由淺肌層深入到深肌層。

各個動作要均勻連貫，綿綿不斷。拳架處處要求圓滿，不要有凹凸、缺陷、斷續之處。要以腰為軸心，腰部要鬆沉直豎，不僵硬，不軟塌，不搖晃。

骶骨要沉著有力，使重心下降穩定。旋轉時以腰部來帶動四肢。

呼吸自然。口唇要自然閉合，下頜微向裡收，舌放平，舌尖輕抵上齶。

動作時，目光隨著手轉動而前視；停勢時，目光前視，由近及遠，眼神要兼顧上下左右；頸項要隨目光轉動，放鬆而不僵硬。

心 意

練拳時，要把思慮、煩惱、雜念等丟開，使中樞神經安靜下來，讓腦部得到休息，以便於放鬆周身肌肉、關節和內臟器官。

練拳時，始終要全神貫注，用意識指導動作。

頭 部

頭 頂

中醫經絡學說認為頭為「百脈之宗」。十二正經之中，有六條陽經上行於頭，而六條陰經也是由各種別道會合於頭。

練拳時要「虛領頂勁」（即內氣輕輕上頂百會穴），除了可以使頭部自然正直，防止前俯後仰、左右歪斜之外，還便於中樞神經系統調節全身各個系統和器官的功能，高度發揮對人體平衡的控制作用。

內氣上頂百會穴不可太過，也不可不及，要虛虛上頂，就像「氣沉丹田」不可硬往下壓一樣。正確掌握「頂勁」和「沉氣」，有利於練拳時全身動作輕靈、圓活、沉著、穩健。

面 部

面部肌肉放鬆，表情自然。

眼 睛

眼光既有定向而又不呆視，眼神應兼顧上下、左右和前後。

練拳時，應隨主要的手勢而轉動。這樣使動眼神經和視神經得到鍛鍊，有利於視力的保護和恢復。

口 唇

口唇要輕閉，齒要輕合，舌尖要輕抵上齶。這樣可以刺激腮腺，增加口腔津液分泌。唾液中含有唾液澱粉

酶、脂酶、氧化酶、過氧化酶等，有利於消化。

鼻 部

要始終用鼻呼吸，這樣能防止汙物吸入肺部，又能調節濕度。呼吸要自然，動作熟練後，可以逐漸做到呼吸與動作配合，但不可勉強。

在練拳過程中，如感覺呼吸不暢，可以張口徐徐呼氣，呼畢即合唇，不可憋氣。

下 頜

頜要微微內收，不可向前仰起，也不可內收過多，以免引起呼吸不暢和影響「虛領頂勁」「含胸拔背」的姿勢。

耳 部

耳朵是血管和神經密集敏感區，按照中醫經絡學說，「腎氣通於耳」，說明耳與五臟六腑相通。《靈樞·口問》說「耳為宗脈之所聚」，全身功能狀態的訊息，也同樣透過各種管道彙集到耳。

中醫可以透過耳穴來診斷相應部位的病變。所以練拳時，要注意兼顧耳部，耳聽八方。隨著百會穴的虛領頂勁，耳尖也要虛領直豎，而耳根需鬆沉，使之上下對稱，結合神舒體靜，聽覺自然靈敏。

頸 項

頸項要端正豎起，不可僵硬。這樣左右轉動的時候，方能自然、靈活。運動生理學證明，身體的轉動除

了決定於大腦的支配外，頸肌反射也有一定作用。例如，人仰面時，頭部的重量可使胸腹肌緊張；低頭時可使背肌緊張；側轉時，可使對側肌緊張。

頸項能否鬆豎同「虛領頂勁」能否領起極有關係。頂勁太過，頸項會僵硬起來；頂勁不領，頸項會軟塌下去。後項中的啞門穴與尾骶部的長強穴相呼應，啞門穴是頸椎的第一個椎骨（寰椎）所在位置。

透過寰椎的活動，頭顱成為平衡的槓桿，對脊柱起著平衡和調節作用。練拳時，眼神向何處轉動，頸項也跟著向何處轉動。

上 肢

肩關節

練拳時，手臂在伸、縮、環弧、旋轉時能否鬆柔圓活，關鍵在於肩關節是否鬆開。鬆開肩關節要在意識引導下，經過長期的鍛鍊才能逐漸做到。在肩部，三角肌把肱骨、肩胛骨、鎖骨連在一起，背闊肌把腰椎、肱骨連在一起，胸大肌把肱骨、胸肋骨、鎖骨連在一起。所以，若能練到肩關節鬆沉，肘節下垂，即「沉肩墜肘」，就能使胸部、背部、腰部也鬆下來，幫助「含胸拔背」自然形成。

「沉肩墜肘」時要注意腋下留有約一平拳距離，使手臂有迴旋的餘地。兩肩要平齊，防止在轉動、變換姿態時一高一低，破壞身法中正。

肘關節

練拳時，肘關節始終要微曲並具有下墜之勁，使肘部有迴旋的餘地，便於保護兩肋、兩腰。太極拳術語中有「肘不貼肋，肘不離肋」之說。

腕關節

腕關節在全身關節中最為靈活，旋轉度也很大，練拳時要注意「坐腕」。

一般練拳者，只重視腕的旋轉而忽視了「坐腕」的重要性，因此，容易練成腕力軟弱，好像舞蹈中的揉腕，形象上似乎有了輕靈圓活的美，但實際上缺乏剛勁，這樣內勁就無法貫注到手指。

手　掌

手最為靈巧，手法的變化最多。39式楊氏養生太極拳的手形分掌、拳、勾手三種，套路內以掌法為主。手指鬆疏，出掌和收掌都應以自然舒展為主，手指不要用力並緊或用力張開，掌心也不要做成窩形。

掌的動作是整體動作的一部分，應當與腰、腿、腳的動作相協調。

拳

39式楊氏養生太極拳的握拳形式，是四指併攏，用中指尖帶領其他手指尖一起彎曲合攏，中指尖貼掌心（勞宮穴）。

然後將大拇指指肚貼於中指第二節中段上，但不宜太緊，也不可太鬆，分之不開，擊之不散。

出拳落點時，拳面朝前，拳背與小臂齊平，不可內凹或外凸，以防腕部受傷。

軀 幹

胸 部

胸部姿勢在武術中有三種：挺胸、凹胸和含胸。

挺胸時，胸部緊張，破壞了呼吸的自然和深長。

凹胸時容易形成駝背，壓縮了胸腔，使橫膈肌不能舒展下降，妨礙呼吸和血液回流心臟。

「含胸」是胸部要有寬鬆的感覺，有利於自由呼吸和逐漸做到腹式深呼吸。「含胸」即在不增加呼吸頻率的情況下加強呼吸的深度，防止運動中出現氣喘的現象。在整套39式楊氏養生太極拳套路中始終要求「含胸」。

背 脊

「含胸」和「拔背」是連在一起的，能含胸就能拔背。「拔背」是當胸略內含時，背部肌肉往下鬆沉，大椎穴有鼓起上提之感覺。這樣，背部肌肉就有一定張力和彈性。

由於背脊同肩背相連，所以太極拳論認為「力由脊發」，實際上是肩和背的肌肉一起用力。「拔背」主要是使背部的肌肉得到舒展。

腹 部

39式楊氏養生太極拳對腹部的要求是「鬆靜」「氣

沉丹田」。

39式楊氏養生太極拳的腹式深呼吸運動是小腹內收為呼，小腹外突為吸，小腹外突時才是「氣沉丹田」。因此，「氣沉丹田」並不僵硬化，一呼一吸使「氣沉丹田」與氣不沉丹田交替進行，太極拳論所說的「氣宜鼓蕩」正說明了「氣沉丹田」不是絕對化的。

一般情況下習練39式楊氏養生太極拳，宜採用自然呼吸方式，即只著重動作的準確性，任其呼吸自然。如果要提高鍛鍊效果和治療疾病，那麼就可以採用腹式深呼吸，但應該在動作十分熟練以後，以防產生弊端。

腰　部

39式楊氏養生太極拳對腰部的具體要求是：鬆、沉、直。

「鬆而沉」，是為了使「氣沉丹田」能夠沉得充分，使上體不浮，下體穩重，而又轉動靈活。同時要求腰部在鬆、沉中有往上拔長之意，使內勁達到支撐八面的功力。直，還能夠使腹肌鬆弛，從而在練拳時，有利於呼吸深長。

臀　部

臀部的生理構造是稍微向外突出，但在練拳時如果臀部外突，必有彎腰、低頭之弊端。低頭如同眼不開，身體容易往前栽；低頭貓腰中樞死，全掌全步使不開。故練太極拳要始終注意「斂臀」。

下 肢

襠 部

襠即會陰部位，太極拳要求「圓襠」，即練拳時兩腿不可夾住，兩胯要微微撐開，兩膝微向裡扣。圓襠十分有利於氣血下注會陰穴、長強穴。

胯 部

胯，即腹股溝，是腰腿相連接的地方。首先要求鬆開胯關節，胯關節鬆開後，腰腿的動作就更為靈活協調。在圓襠的基礎上結合鬆胯，可使恥骨聯合和坐骨結節上的關節隙縫擴大，運動度從而得到擴大。

這樣就靈活了腿部的運動，使內勁上升到腰脊，起到開胯的作用。

以腰部為軸心微微轉動時，骨盆也連帶著微微轉動，因此，轉腰實際上是在轉腰胯，經常做彎腰、壓腿和踢腿的基本功，可以幫助胯關節鬆開，提高其靈活性和柔韌性，使腰腿的轉動非常靈活，邁步也輕靈。

膝關節

39式楊氏養生太極拳經常屈膝做緩慢均勻的動作，運動時，始終輪流以一足支持重心，因此，膝關節的負擔量要比練快速動作的體育活動大得多。胯關節和膝關節的頻繁運動也加強了這兩大關節的靈活性。

以養生、祛病為目的的太極拳練習者，架勢可以高一些，以減輕對膝關節的壓力。前足弓出踏實時，膝尖

不可超出腳尖，也不可實腳轉（即不放鬆膝關節，強行轉動），以防損傷半月板。

足

足為步形、步法的根基，根基不穩，步形、步法必亂。邁步時，先須坐穩一腿，屈膝鬆胯穩定重心，然後另一腳緩緩邁出。

貳 基本動作圖解

● 身　法

　　練太極拳時以腰為軸，配合四肢活動的方法叫身法。身法要求立身中正安舒，伸縮、收放、旋轉自如。身法靠全身主要關節運轉，肌肉協調收縮，以意帶動實現「形神合一」。

　　具體而言：頭要虛領頂勁，頸要自然豎直，肩要鬆沉，肘要沉墜，胸要鬆舒，背要伸拔，脊要正直，腰要鬆直，胯根要鬆，臀要收斂，膝要伸屈自然柔和。

● 手　法

掌　型

　　五指自然舒展，掌心微凹。（圖 2-1）

圖2-1

掌 法

立 掌

五指指尖朝上，或偏向上方，掌心不朝正前方，手腕向掌背一面上屈。（圖2-2）

圖2-2

正 掌

五指指尖朝上，掌心朝正前方，腕部形成90°左右的直角。（圖2-3）

圖2-3

俯　掌

掌心朝下，不論手指尖朝什麼方向。（圖2-4）

圖2-4

仰　掌

掌心朝上，不論手指尖朝什麼方向。（圖2-5）

圖2-5

垂　掌

五指自然分展下垂。（圖2-6）

圖2-6

側　掌

掌緣朝下，掌指朝前。（圖2-7）

圖2-7

反　掌

拇指朝下，手掌側立。（圖2-8）

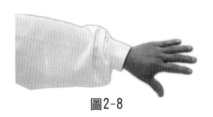

圖2-8

挑　掌

手指上翹，沉腕立掌，由下向上挑起的動作。（圖2-9）

圖2-9

托　掌

泛指仰掌由下向上的動作。（圖2-10）

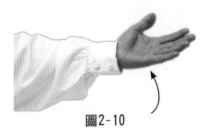

圖2-10

抹　掌

俯掌沿另一臂上方向前柔勁抹出，力達掌外緣。
（圖2-11）

圖2-11

拳　型

五指蜷曲，自然握
攏，拇指壓在食指、
中指第二指節上，拳
面平整。（圖2-12）

圖2-12

拳法（捶法）

立拳（立捶）

虎口朝上，拳心朝裡。
（圖2-13）

圖2-13

正拳（正捶）

虎口朝上，向前伸出
或向裡收回。用拳時，很
少用旋腕轉臂的動作。（圖
2-14）

圖2-14

反拳（反捶）

虎口朝下，置於額前上方。（圖2-15）

圖2-15

栽拳（栽捶）

虎口朝前，拳面斜向下方。（圖2-16）

圖2-16

仰拳（仰捶）

拳心朝上，拳背朝下，拳面朝前。（圖2-17）

圖2-17

搬攔捶

用拳搬開對方來拳，隨即攔阻，再用拳進攻。（圖2-18）

圖2-18

撇身捶

拳走橫向，格開來拳，粘其手腕向後捋。（圖 2-19）

圖2-19

平　拳

也稱俯拳，握拳直腕，拳心向下，拳面向前。（圖 2-20）

圖2-20

勾　手

五指虛虛併攏，大拇指指肚捏在食指指肚與中指指肚之間，五指下垂。（圖2-21）

圖2-21

● 步　法

步　型

步型是指武術中步子的式樣和類型，主要有開步、平行步、弓步、馬步、仆步、虛步、並步、錯步、跟步、插步、獨立步、交叉步等。

步　法

練太極拳時腳步移動變化的方法。其特點是：進退轉換虛實分明，「邁步如貓行」，輕穩敏捷，支撐平衡。

上　步

後腳前進一步或前腳前移半步。（圖2-22）

圖2-22

退 步

前腳後退一步。（圖2-23）

圖2-23

撤 步

一腳後退一步，另一腳後退半步。在太極拳中撤步和退步有時可以通用。（圖2-24）

圖2-24

進 步

兩腳連續向前移動各一步。（圖2-25）

圖2-25

跟 步

重心移向前腳時，後腳乘勢向前跟進半步（亦稱墊步）。（圖2-26）

圖2-26

插 步

一腳經支撐腳後面橫落步。（圖2-27）

圖2-27

扣 步

腳落步時腳尖內扣。（圖2-28）

圖2-28

擺　步

腳落步時腳尖外擺。（圖2-29）

圖2-29

碾　步

以腳跟為軸，腳尖外展或內扣；或以腳前掌為軸，腳跟內外展。（圖2-30）

圖2-30

弓　步

又稱丁八步。兩腳內緣橫向距離與肩同寬，前腿屈膝半蹲，腳尖正對前方；後腿自然伸直，腳尖向裡扣45°。（圖2-31）

圖2-31

馬 步

兩腳平行，與肩同寬，兩腿坐實。（圖2-32）

圖2-32

虛 步

兩腳錯開距離保持在中線兩側，後腳腳尖外展45°，屈膝下蹲，前腳的腳掌或腳跟點地。（圖2-33）

圖2-33

仆 步

兩腿開步站立，然後一腿屈膝全蹲，腳掌踏實，足尖微向外展；另一腿伸直平鋪地面。含胸、立腰、鬆胯、斂臀。（圖2-34）

圖2-34

側　步

兩腳平行連續側向移步。（圖2-35）

圖2-35

平行步

兩腳開立，腳尖向前，兩腳掌平行，兩腳掌距離與肩同寬。（圖2-36）

圖2-36

獨立步

單腿直立，另一腿提起，膝與胯平或高於胯，腳面微繃，腳尖自然下垂。（圖-37）

圖2-37

蹬　腳

一腿支撐，另一腿由屈到伸，腳尖勾起，力達腳跟。（圖2-38）

圖2-38

分　腳

一腳支撐，另一腿屈膝提起，小腿伸直，腳面繃平，腳尖向前，力達腳尖。（圖2-39）

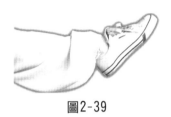

圖2-39

擺蓮腿

一腿支撐，另一腿伸直由裡向外成扇形擺動，同時雙手快速拍打腳面。（圖2-40）

圖2-40

參 呼吸法與取穴法

● 39式楊氏養生太極拳的 健身呼吸法和療病呼吸法

　　一切疾病的發生都可以從經絡不正常中找到原因，同樣，一切疾病的康復也都可以透過調整經絡而達到治療的目的。

　　39式楊氏養生太極拳的運動屬於經絡鍛鍊運動。眾所周知，經絡是人體從皮膚直到肌肉、臟腑的一種複雜的立體結構，39式楊氏養生太極拳運動時，相關的肌肉收縮和舒張，張力變化的刺激和因肌肉收縮而引起的熱和代謝產物的化學刺激，使經脈所特有的能量傳導作用得到更好的發揮，使五臟六腑、四肢百骸的功能更加協調，從而達到提高免疫力、預防和治療疾病的效果。當然，在強調39式楊氏養生太極拳運動中經絡對全身調整作用的同時，也並不排除神經體液對機體內環境穩定的調節作用，但是從總體意義上講，經絡的影響處於主導地位。

　　39式楊氏養生太極拳是中醫與武術的結合發展而

成的，是既能鍛鍊經絡，又能防病治病的醫療體育。

39式楊氏養生太極拳作為健身手段時宜採用自然呼吸法，用於治療疾病時宜採用腹式呼吸法。

腹式深呼吸有兩種，一種是順式，一種是逆式。順式呼吸時放鬆腹部，任腹部隨呼吸氣息的出入而起伏，呼氣時腹部凹下，吸氣時腹部凸起。逆式呼吸吸氣時收縮腹肌，呼氣時放鬆腹肌，吸氣時腹部凹下，呼氣時腹部凸起。

腹式呼吸時由於腹肌大幅度運動，從而激發腎經、胃經、脾經、肝經、任脈的經氣，促使五臟六腑以及四肢百骸氣血暢通，功能改善，從而達到治病的效果。

39式楊氏養生太極拳治療疾病時採用的是**順式腹式呼吸法，具體方法是：**

吸氣時用鼻，慢慢地吸，意想所吸入之氣自然地到達丹田。這時腹部肌肉儘量放鬆，小腹慢慢地鼓起來，稍停片刻，再從口把氣慢慢地呼出去。呼氣時，腹肌儘量收縮，小腹凹進去。

呼和吸都要自然，不憋氣，不緊張，每分鐘呼吸達6～8次，比健康人正常平和呼吸（*每分鐘16～20次*）慢一倍多。

用此呼吸法習練套路時，動作也隨之減慢，要比用自然呼吸法慢一倍。這樣不僅增加了肺通氣量，降低了能量消耗，提高了氧氣的吸收量，而且能促進胃液、膜液和膽汁的分泌。這些分泌液中的各種消化酶，如澱粉

酶、蛋白酶、脂肪酶可分別把澱粉分解為葡萄糖，把蛋
白質分解為氨基酸，把脂肪乳化成甘油和脂肪酸而被吸
收，供全身需要。

另外，還可促進胃、腸的蠕動，增強其消化能力，
促進靜脈血回流，消除肝臟痕血等。

在採用順式腹式呼吸法習練39式楊氏養生太極拳
時，還要正確配合兩條腿的虛實變化。這樣的運動，非
常有利於足三陰、足三陽經脈的鍛鍊。

脾、胃是人的後天之本，主管人的消化吸收和營
養；膀胱經是人體「防火牆」，可以防禦一切外邪入
侵；肝經、膽經是人體氣血、精神、情志的調節網；腎
為人體的先天之本，貯藏精氣，主管人的工作精力和
「生老病死」；加上奇經八脈和主管人體活動的陰蹻脈
和陽蹻脈，主管陰陽平衡的陰維脈和陽維脈等共計20
條經脈。運動時兩條腿不斷地虛實變化，自然激發了這
些經脈的經氣。

另外，腿部的肌肉運動，也必然透過神經的反射作
用，刺激心血管呼吸中樞，增加回心血量和心臟的搏出
量、肺的通氣量，使全身的經絡和臟腑器官得以調整。

堅持長期習練39式楊氏養生太極拳，能使人的先
天精氣充沛，後天水穀、大氣之精不斷補充，處於健康
的狀態。

● 39式楊氏養生太極拳 配穴穴位圖解

穴位講解

頭　部

百會（督脈）（圖3-1）

【取穴】頭頂正中線上，距前髮際5寸，或後髮際直上7寸，約兩側耳廓尖連線之中點。

【主治】頭痛、眩暈、耳鳴、鼻塞、高血壓、脫肛、子宮下垂、中風失語。

【用法】練拳時始終要氣「頂」百會穴。

風府（督脈）（圖3-1）

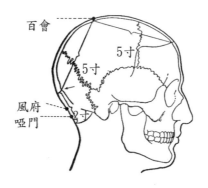

圖3-1

【取穴】枕後正中枕骨緣，後髮際正中直上1寸，兩筋間之凹陷中。

【主治】頭痛、項強、眩暈、咽喉腫痛、感冒發

熱、中風不語、半身不遂。

【用法】練拳預備動作前橫擦風府穴、風池穴。

風池（膽經）（圖3-2）

【取穴】胸鎖乳突肌與斜方肌之間。

【主治】頭項強痛、目赤痛、近視、視力模糊、感冒、耳鳴、鼻炎、鼻塞、高血壓。

【用法】練拳預備動作前橫擦風府穴、風池穴。

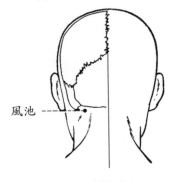

風池

圖3-2

胸腹部

天突（任脈）（圖3-3）

【取穴】胸骨柄上緣，在凹陷處。

【主治】哮喘、咳嗽、音啞、咽喉腫痛、甲狀腺腫大、呃逆、百日咳。本穴具有宣肺化痰、利咽清音的作用。

【用法】有上述病症者吸氣、呼氣時意在天突穴。

天突

圖3-3

膻中（任脈）

（圖3-4）

【取穴】兩乳之間，平第4肋間隙。

【主治】一切氣機病證，以及呼吸系統疾病。

【用法】有各種心臟病的患者吸氣、呼氣時意在膻中穴。

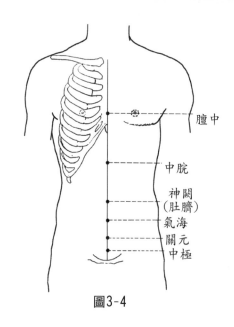

膻中

中脘

神闕
（肚臍）

氣海

關元

中極

圖3-4

中脘（任脈）（圖3-4）

【取穴】臍上4寸。

【主治】六腑之病。

【用法】消化不良患者吸氣、呼氣時意在中脘穴。

中極（任脈）（圖3-4）

【取穴】位於臍下4寸，或恥骨聯合上1寸，腹正中線上。

【主治】陽痿、遺精、遺尿、閉經、崩漏、尿潴留、月經不調、白帶多、痛經。

本穴為任脈、足三陰經交會穴，具有培元氣、助消化、補腎調經的作用。

關元（任脈）（圖 3-4）

【取穴】臍下 3 寸。

【主治】小腹痛、泄瀉、血尿、遺尿、陽痿、月經不調、白帶多、尿頻、尿急、尿痛、胃下垂。此穴為保健要穴。

氣海（任脈）（圖 3-4）

【取穴】臍下 1 寸半。

【主治】各種氣虛證、小腹痛、疝氣、瀉痢、遺精、陽痿、遺尿、月經不調、不孕、中風脫證、氣喘。本穴有強壯作用，為保健要穴。

【用法】元氣不足、衰老、腰痛之患者，吸氣、呼氣時刻意想氣下沉時經過神闕穴、氣海穴、關元穴、中極穴，然後氣在小腹部旋轉一圈，氣先沉入實腿腹部溝，然後往虛腿腹部溝弧形往上呼出。

大包（脾經）（圖 3-5）

【取穴】腋中線直下 6 寸，位於第 6 肋間隙。

【主治】調整陰陽諸經，保健全身臟腑百骸。

【用法】單鞭轉動時，意在大包穴，可助胸脅痛、全身痛、氣喘、乏力患者康復。

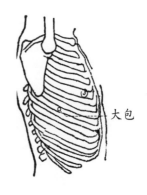

大包

圖 3-5

章門（肝經）（圖 3-6）

【取穴】在側腹部，第 11 浮肋端下際。當屈肘合腋時，肘尖所到之處即是本穴。

【主治】五臟之病。

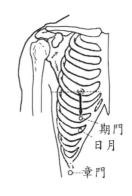

圖3-6

【用法】練單鞭轉動時，意在章門穴，可助脾胃虛弱、肝炎患者康復。

期門（肝經）（圖 3-6）

【取穴】乳頭直下，平第 6 肋間隙。

【主治】胸滿腹脹、胸脅痛、嘔逆吐酸、膽囊炎。本穴具有疏肝理氣、活血化瘀的作用。

【用法】練玉女穿梭時意在期門穴，有助於亞健康患者康復。

日月（膽經）（圖 3-6）

【取穴】乳頭直下，第 7 肋間隙。

【主治】嘔吐、吞酸、脅肋痛、呃逆、黃疸。本穴有疏肝利膽、寬胸理氣的作用。

【取穴】「丹」指元氣而言；「田」指居處而言。關於丹田的位置，眾說不一。氣功家特別強調丹田之氣，但部位比較廣泛；針灸家則強調局限的穴位。因此有狹義丹田和廣義丹田之分。狹義丹田，位於臍下 3 寸，即關元穴。古人認為丹田是男子精室、女子胞宮所

在。《難經》記載「臍下腎間動氣」為十二經之根本，此處為元氣所藏，故認為關元為狹義丹田。《針灸甲乙經》中指出：「石門、三焦募也，……一名丹田，一名命門，在臍下二寸，任脈氣所發。」認為石門穴為丹田。考氣海穴，古云為元氣之海，男女產生元氣之海，認為氣海穴為丹田。所以廣義的丹田，乃指臍下氣海穴、石門穴及關元穴，部位比較廣泛。

【用法】39式楊氏養生太極拳十分注重氣沉丹田（即深呼吸），是強壯身體，延年益壽根本之舉。

會陰（任脈）（圖3-7）

【取穴】任、督、衝三脈的體表循行起點。男子在陰囊與肛門之間定穴；女子在大陰唇後聯合與肛門之間定穴。

【主治】呼吸衰竭、二便不利、遺精、前列腺炎、痔瘡、脫肛、子宮下垂。本穴具有回陽升壓、補腎固脫的作用。

【用法】收勢時會陰穴可以快提慢放。

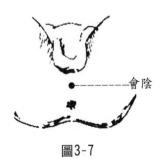

圖3-7

背 部

大椎（督脈）（圖3-8）

【取穴】第7頸椎脊突下，於兩肩峰連線中點。

【主治】熱病、感冒、喘咳、大腦發育不全、腦炎後遺症、項背強痛、頭重如裹、出虛汗、性情急躁。本穴具有疏風散寒、解表通陽、理氣降逆、鎮靜安神、醒腦解痙及強壯作用。

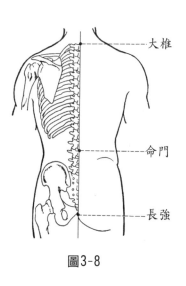

圖3-8

【用法】練拳時始終保持含胸拔背，可達到上述康療效果。

命門（督脈）（圖3-8）

【取穴】第2腰椎棘突下，兩肋弓下緣連線與脊柱的交點處。命門與臍在同一水平位上。

【主治】腰痛、遺精、陽痿、遺尿、月經不調、白帶、腹痛。本穴具有強壯保健作用。

【用法】練拳時保證達到收腹斂臀、脊柱中定，才能有上述康療效果。

長強（督脈）（圖3-8）

【取穴】尾骨尖端與肛門連線中點。

【主治】脫肛、痔瘡、便秘、便血、腰脊痛。本穴

具有清熱止血，升提肛腸的作用。

【用法】在練蹬腳、分腳時，上頂百會，下沉長強，效果最佳。

膈俞（膀胱經）（圖3-9）

【取穴】第7胸椎脊突下旁開1.5寸處。

【主治】一切血病、腫瘤。

【用法】古代把膈有病叫膈氣（胃癌），或稱之「病入膏肓」，練拳時含胸拔背就是擴容胸腔、活血化瘀，使膈肌得到新陳代謝的更多機會。只要活血化瘀就不會出現癌變。

八髎（膀胱經）（圖3-9）

【取穴】八髎是上髎、次髎、中髎和下髎的合稱（因每髎左右各一個穴位，故稱八髎）。

上髎取穴在第1骶後孔中。次髎取穴在第2骶後孔中。中髎取穴在第3骶後孔中。下髎取穴在第4骶後孔中。

【主治】泌尿生殖系統疾患，如月經不調、帶下、痛經、小便不利、尿頻、尿急、尿痛以及腰痛、坐骨神經

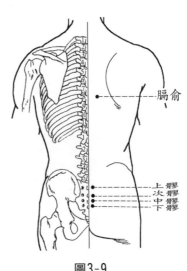

膈俞

上髎
次髎
中髎
下髎

圖3-9

痛等。

【用法】拳中分腳、擺蓮的動作可防治上述疾病。

上肢部

極泉（心經）（圖3-10）

【取穴】腋窩最高點。

【主治】咽乾、心痛、脅肋痛、瘰癧、肘臂冷痛。

【用法】練拳時要求始終空出腋窩，讓極泉穴暢通。

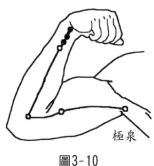

極泉

圖3-10

曲池（大腸經）（圖3-11）

【取穴】肘橫紋頭的外端。

【主治】熱病、高血壓、頭痛、偏癱、手臂腫痛、蕁麻疹、皮膚瘙癢、月經不調。

本穴是強壯保健穴，可疏風解表、調理氣血。

【用法】練拳時始終要習墜時抻肘，有利於曲池血液流暢，防治上述病症。

列缺（肺經）（圖3-12）

【取穴】兩手虎口交叉，食指端所指凹陷處。

【主治】偏頭痛、咽喉乾痛、咳嗽、氣喘、口眼歪斜、牙痛、項痛、腕無力。

【用法】《針灸總歌》說：「頭項尋列缺。」拳中擠式、分掌的動作起到了按摩列缺穴的作用。

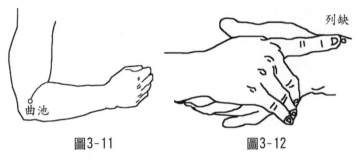

圖3-11　　　　　圖3-12

合谷（大腸經）（圖3-13）

【取穴】第1、2掌骨之間；或以一拇指的指關節橫紋正對另一手的拇、食指之間的指蹼緣上，則拇指尖所指處即本穴。

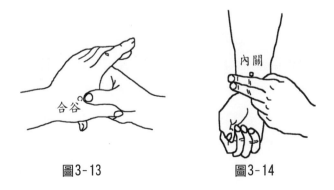

圖3-13　　　　　圖3-14

【主治】頭痛、感冒、頸項痛、咽喉腫痛、目赤腫痛、鼻出血、鼻塞、鼻炎、齒痛、耳聾、腮腺炎、口眼歪斜、多汗、腹痛、痢疾、便秘、閉經、痛經、上肢癱瘓。

【用法】拳中擠式、分掌的動作起到了按摩合谷穴的作用。

內關（心包經）（圖3-14）

【取穴】在腕橫紋正中直上2寸兩筋之間。

【主治】心悸、心絞痛、胸脅痛、胃痛、嘔吐、眩暈、失眠。本穴具有理氣和胃、寧心安神、鎮靜鎮痛等作用，是治療心血管系統疾病的要穴。

【用法】《針灸總歌》曰：「心胸取內關。」拳中擠式、分掌的動作有按摩內關穴的作用。

外關（三焦經）（圖3-15）

【取穴】腕背橫紋正中直上2寸，橈骨與尺骨之間。

【主治】熱病、偏頭痛、耳聾、耳鳴、胸脅痛、落枕、腮腺炎、上肢麻痺及關節疼痛。本穴具有通經活絡、疏風解表的作用。

【用法】練拳中凡擠式中都是意推外關穴，啟動三焦經。

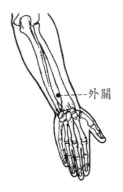

圖3-15

商陽（大腸經）（圖3-16）

【取穴】在食指橈側爪甲旁1分處取穴。

【主治】熱病、咽喉腫痛、昏迷、牙痛、手指麻木、腮腺炎、腦充血。本穴具有開竅醒腦、泄熱消腫的作用。

【用法】練拳時擠式、分掌的動作會擦拭此穴。

養老（小腸經）（圖3-17）

【取穴】尺骨小頭後內凹陷中。取穴時，屈肘掌心向胸，並做旋外動作，當尺橈關節縫中取之。

【主治】耳聾，眼花，行動不便，肩、臂、腰痛，起坐艱難的老年病，十分有效。本穴能增進健康，延年益壽。

【用法】練拳時有大量的旋腕動作，有利於防止上述病症。

神門（心經）（圖3-18）

【取穴】在尺側腕後第2條橫紋頭凹陷中取之。

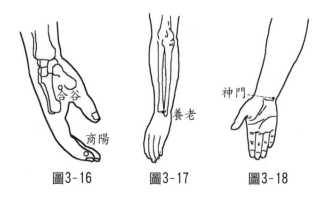

圖3-16　　　圖3-17　　　圖3-18

【主治】失眠、健忘、驚悸、心痛、癔症。

【用法】練拳時坐立掌時，是神門穴最得益的狀態。

太淵（肺經）（圖3-19）

【取穴】掌後腕橫紋橈側端，橈動脈橈側凹陷中。

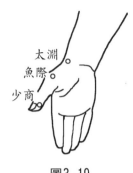

圖3-19

【主治】一切經脈之病。

【用法】練拳中擠式、分掌的動作擦拭此穴。

魚際（肺經）（圖3-19）

【取穴】在第1掌骨中點，赤白肉際處。

【主治】咳嗽、咯血、咽喉腫痛、失音、發熱、掌中熱。

少商（肺經）（圖3-19）

【取穴】在拇指橈側爪甲角後1分處。

【主治】熱病、咽喉腫痛、手指麻木、鼻出血、暈厥。本穴具有清肺熱、利咽喉、回陽救逆的作用。

【用法】在預備式前橫擦風府、風池穴的同時也擦摩了魚際、少商、勞宮穴。

勞宮（心包經）（圖3-20）

【取穴】握拳時中指尖所指之處。

【主治】心痛、手汗多、口瘡、口臭、嘔吐、翻胃。本穴有消怒降壓、抑中風作用。

【用法】練拳中擠式，用勞宮穴搭內關穴，擠向外

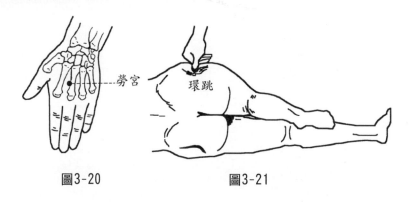

圖3-20　　　　　　　　　　圖3-21

關穴。

下肢部

環跳（膽經）（圖3-21）

【取穴】大轉子前緣與骶骨裂孔連線外1/3與內2/3交界處。

【主治】坐骨神經痛、半身不遂、腰胯痛、膝脛痛。本穴有通經活絡、祛風散寒、強健腰腿的作用。

【用法】拳式中金雞獨立的動作有效地鍛鍊了環跳穴。

風市（膽經）（圖3-22）

【取穴】大腿外側正中，直立垂手時中指尖到達的地方。

【主治】半身不遂、下肢痿軟、下肢麻木、周身瘙癢、腰腿酸痛、腳氣。本穴具有祛風通絡

圖3-22

作用。

【用法】太極拳起勢、收勢時用中指尖點按此穴。

委中（膀胱經）（圖3-23）

【取穴】膕橫紋中點。

【主治】腰背痛、坐骨神經痛、下肢風濕痛、半身不遂、腹痛、吐瀉、髖關節活動不利、小腿肚轉筋。本穴具有疏經活絡、強健腰膝、止吐止瀉的作用。

圖3-23

【用法】練拳時蹬腳、弓步時的後腿都要求膕窩（委中穴）有抻拉運動。

承山（膀胱經）（圖3-23）

【取穴】小腿肚後的人字紋之凹陷的頂端，當足尖著地、足跟提起時尤為明顯。

【主治】腰痛、腿痛轉筋、痔疾、便秘、腳氣。本穴具有疏經活絡、調理臟腑的作用。

【用法】承山穴顧名思義，是此穴承受山一樣的重量，練拳中大多數招式是一條腿承受身體重量，長期這樣的練習無疑可防止上述疾病，強化人的穩定性。

足三里（胃經）（圖3-24）

【取穴】膝眼直下3寸，距脛骨約1橫指處。

【主治】一切慢性病。本穴具有強壯保健作用。

【用法】中老年人做擺蓮動作拍腳時，可不必去拍

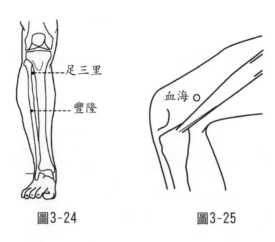

圖3-24　　　　　　　　圖3-25

腳面，改拍足三里穴有益。

血海（脾經）（圖3-25）

【取穴】髕骨內上緣上方2寸處。

【主治】月經不調、閉經、痛經、皮膚濕疹、蕁麻疹、膝關節炎、睾丸炎。本穴具有祛風散熱、調和氣血的作用。

【用法】練拳時凡做到馬步式半蹲時，血海穴有發脹感覺或有上述病症的患者，多站馬步樁有益。

內庭（胃經）（圖3-26）

【取穴】腳面第2、3趾的趾縫，稍微往後約1橫指處。

【主治】扁桃體炎、上牙

圖3-26

痛、口渴、胃痛、腹脹、痛經、失眠、痢疾。本穴具有清咽利膈、止痛和胃、寬腸止瀉的作用。

【用法】練拳中，分腳、蹬腳弓步時，意在內庭穴。

隱白（脾經）（圖3-27）

【取穴】足大趾內側趾爪甲角旁1分處。

【主治】腹脹、月經過多、白帶多、子宮出血、多夢、夢魘。本穴具有調氣血、益脾胃的作用。

公孫（脾經）（圖3-27）

【取穴】足大趾內側，第1蹠骨小頭部下方凹陷中，在赤白肉際處。

【主治】腹痛、胃痛、脾胃虛弱、腸鳴、泄瀉、痢疾。本穴具有調理脾胃的作用。

【用法】練拳中，凡裡扣腳尖時，意在隱白穴和公孫穴。

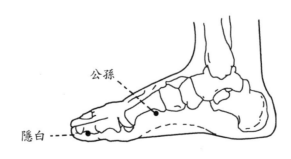

圖3-27

湧泉（腎經）（圖3-28）

【取穴】在足底前1/3與後
2/3交點凹陷處。

【主治】頭暈、目眩、頭頂
痛、咽喉痛、高血壓、口乾、
失音、大便難、小便不利、足
心熱。本穴具有通關開竅、安
神鎮靜的作用。

【用法】練拳中只要腳踩的
動作，就要想到是在踩湧泉穴。

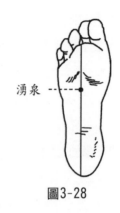

圖3-28

太谿（腎經）（圖3-29）

【取穴】內踝尖與跟腱之間中點凹陷處。

【主治】咽喉痛、牙痛、失眠、耳鳴、耳聾、乳腺
炎、陽痿、氣喘、咯血、遺尿、遺精。本穴具有調補腎
氣、通利三焦、強壯腰膝的作用。

【用法】有上述病症的患者，蹬腳動作中意在太谿
穴，每天至少各蹬36次。

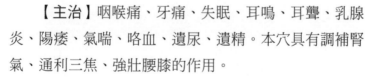

圖3-29　　　　　　圖3-30

崑崙（膀胱經）（圖3-30）

【取穴】外踝尖與跟腱之間凹陷中。

【主治】頭痛、項強、目眩、肩背腰腿痛、腳跟腫痛。本穴具有疏風活絡、消腫止痛、強健腰膝的作用。

【用法】有上述病症的患者，蹬腳時意在崑崙穴，每天至少各蹬36次。

申脈（膀胱經）（圖3-30）

【取穴】外踝下緣凹陷中。

【主治】腰腿酸痛、後頭痛、眩暈、癇證。本穴有伸展經筋、利腰的作用。

【用法】同崑崙穴。

太衝（肝經）（圖3-31）

【取穴】第1、2趾骨結合部前方凹陷處，蹠趾關節後。

【主治】頭痛、高血壓、眩暈、失眠、鬱證、脅痛、膽絞痛。本穴具有疏肝理氣、通經活血作用。

【用法】用左右分腳的招式單獨練習，直至全身微微出汗為止。

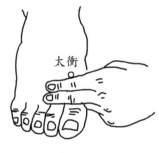

圖3-31

肆 圖解39式楊氏養生太極拳

● 第一段

跟我學第一段

1. 起勢	6. 左摟膝拗步	11. 海底針
2. 攬雀尾	7. 手揮琵琶	12. 扇通臂
3. 單鞭	8. 倒攆猴	13. 轉身撇身捶
4. 提手上勢	9. 斜飛勢	14. 雲單鞭
5. 白鶴晾翅	10. 肘底捶	

第1式 起 勢

【預備】面向正南，身體端正。兩腳分左右站立，與肩同寬，成馬步（腳踩湧泉穴），腳趾均朝前。兩臂自然下垂，肘關節向後微撐，腋下空出約1平拳距離。兩手各放在大腿的外側，靠近褲管中線，手心朝內，指尖朝下（中指尖貼著風市穴）。（圖4-1）

圖4-1

要點❶ 頸項要自然鬆豎,兩肩要鬆沉,大椎穴有鼓起上提之意,與百會穴輕輕上頂相呼應;胸脯要自然寬舒,不凹不凸,自然形成「含胸拔背」之勢;十二對肋骨微斂,這樣有助於「氣沉丹田」;腹部要「鬆靜氣盈」;腰部要鬆沉、豎直,不可僵硬或軟塌;軀幹不可左右歪斜,或前凹後凸;兩胯關節微微撐開,兩膝微向裡扣,使襠部自然虛圓;臀部不可外突,也不可過於內收,應「尾閭中正」。全身肌肉、關節和內臟用意識引導,使其心靜體鬆,思想集中。兩眼平視,面向正南。

要點❷ 預備勢之前,用左右掌心橫擦左風池、風府、右風池三穴,擦至有熱感為度,可預防感冒和鼻炎。

要點❸ 常常按摩風市穴,有祛風通絡作用,可預防下肢癱瘓。

要點❹ 保持頭部正直,頭頸緩慢向左肩或右肩中線扭去,以下巴達到肩中線為度,動作不宜過快和過慢,如此水平式活動左右各18次。再接著緩慢低頭看第二粒鈕扣,然後豎直頭顱,再緩慢後仰頭顱直至看到天空,如此低頭仰脖各18次,最後緩慢旋轉頸脖一圈計18次。此運動方式防治頸椎病甚效。

要點❺ 太極拳運動必須持續10分鐘以上,只有持續(不可斷勁)運動10分鐘以上,五臟六腑才會「啟動」到最佳狀態;人體幾百萬個汗腺孔全部暢通,微微出汗,而大汗淋漓是損害人體的行為,因為

汗是血的被耗現象，汗與血是因果關係，故常說「血汗」。

　　要點❻　從起勢開始到收勢為止，每招每式必須放鬆命門穴，絕不可塌腰而損害腰椎腰肌。

　　【動作1】兩臂內旋翻動，使手背朝外，掌心朝裡，直於兩胯前（掌根與胯的距離約1平拳），兩臂保持與肩同寬。（圖4-2）

　　【動作2】兩臂向前往上徐徐提起，提至兩腕略與肩平，掌心朝下，指尖朝前。（圖4-3）

　　【動作3】鬆肩、墜肘、坐腕，兩掌徐徐由上而下按至兩胯前（掌根與胯的距離約1平拳），掌心朝下，指尖朝前。氣沉丹田。兩眼平視。（圖4-4）

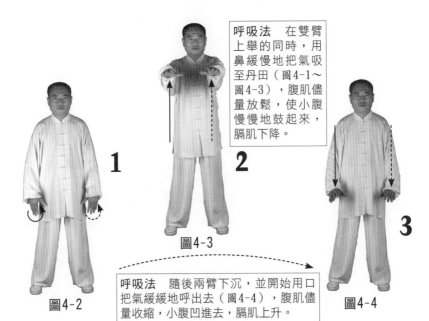

呼吸法　在雙臂上舉的同時，用鼻緩慢地把氣吸至丹田（圖4-1～圖4-3），腹肌儘量放鬆，使小腹慢慢地鼓起來，膈肌下降。

圖4-3

呼吸法　隨後兩臂下沉，並開始用口把氣緩緩地呼出去（圖4-4），腹肌儘量收縮，小腹凹進去，膈肌上升。

圖4-2

圖4-4

要點❶　本式中要求頸項自然鬆豎、兩肩鬆沉、脊柱自然正直、鬆沉挺拔，這也是習練39式楊氏養生太極拳整套動作的最基本要求，這樣有利於鼓盪任、督二脈之氣，調整全身經絡和臟腑，使全身氣血暢通，人體處於精氣充沛狀態。

要點❷　本式中兩臂上舉下按的運動，可提高對肺經和大腸經的刺激強度，增加這兩條經脈的脈氣，防治呼吸系統疾病和頭面、五官病證，如頭痛、面癱、眼、鼻、咽喉、口齒、頸部及上肢橈側的病證等。

要點❸　只要達到以上要求，每次呼吸比平時呼吸可多獲75%的新鮮氧氣和多排出體內75%的濁氣。

第2式　攬雀尾

左　掤

【動作1】重心左移，右腳外撇45°，腳趾向西南。兩肘微向外撐，掌心朝下。（圖4-5）

【動作2】重心右移，右腿屈膝下蹲（膝尖對著腳尖）。坐穩右腿，鬆左腿，左腳成虛步。同時右臂由下向上環至胸腹之前，右手掌心側朝下；左臂由下往裡環至腹前，並逐漸向裡旋，使左手掌心側朝上。右臂在上，左臂在下，兩臂成合狀。面向西南。（圖4-6）

【動作3】坐實右腿，向前邁出左腿（正南方向）。腳跟輕著地，腳掌虛懸。（圖4-7）

【動作4】踩平左腳的同時，乘勢蹬右腿，弓左

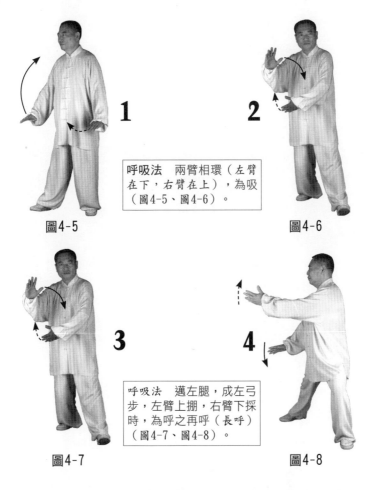

呼吸法　兩臂相環（左臂
在下，右臂在上），為吸
（圖4-5、圖4-6）。

圖4-5

圖4-6

3

4

呼吸法　邁左腿，成左弓
步，左臂上掤，右臂下採
時，為呼之再呼（長呼）
（圖4-7、圖4-8）。

圖4-7

圖4-8

腿，成左弓步。以腰帶上體由南轉向正西方向，與此同
時，左臂由下往上掤起，略與肩平，左掌心朝右，指尖
略高於肘；右臂由上往下採至右胯前（掌胯之間的距離
約3平拳），右手掌心側朝下。面向正西，兩眼平視。
（圖4-8）

右　掤

【動作5】重心移向右腿，鬆左腿，左腳成虛步，腳掌虛懸。（圖4-9）

【動作6】身向右轉，左腳乘勢向裡扣45°，腳趾向西南。（圖4-10）

【動作7】身向左轉至西南方向，同時重心移向左腿，鬆右腿，右腳成虛步，

圖4-9

腳跟離地。與此同時，右臂由右向左前環至腹前，右手掌心側朝裡；左臂向裡合，左腕略與肩平，左手掌心側朝下。左臂在上，右臂在下，成合狀。（圖4-11）

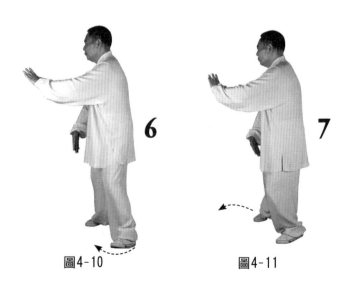

圖4-10　　　　　　圖4-11

【動作8】坐實左腿,向前邁出右腿(正西方向)。腳跟輕著地,腳掌虛懸。(圖4-12)

【動作9】踩平右腳的同時,乘勢蹬左腿,弓右腿,成右弓步。右臂往上掤至胸前,右掌心朝裡,指尖略高於肘。左手掌下採至右腕下方(中指尖距右小臂內關穴約1平拳距離),左手掌心側朝外。面向正西,兩眼平視。(圖4-13)

圖4-12　　　　　　　　圖4-13

捋

【動作10】腰帶上體往右轉至西北方向,同時兩臂旋翻。右臂向外旋,右手掌心側朝外,指尖略高於肘。左臂向裡旋,左手掌心側朝裡,兩掌心側相對。面向西北。(圖4-14)

【動作11】上體隨腰左轉,同時逐漸將重心移至

10

圖4-14

呼吸法　兩臂相環（右臂在下，左臂在上）時，為吸。邁右腿，成右弓步，右臂掤出時，為呼。捋時，為吸（圖4-14、圖4-15）。

11

圖4-15

左腿，放鬆右腿。兩臂隨轉體捋至西南方向。面向西南，兩眼平視。（圖4-15）

擠

【動作12】上體隨腰右轉至正西方向的同時，右臂向內旋，成掤狀，右手掌心側朝裡。左臂向外旋，左手掌心側朝外，然後左手掌搭在右小臂上（左手掌勞宮穴搭在右小臂內關穴上）。（圖4-16）

【動作13】在轉體搭臂的同時，蹬左腿，弓右腿，成右弓步。兩掌乘勢向前擠出。面向正西，兩眼平

呼吸法　擠時，為呼
（圖4-16、圖4-17）。

圖4-16

圖4-17

視。（圖4-17）

按

【**動作14**】用左手掌心勞宮穴往前抹向右手的
列缺、合谷、商陽穴，然後兩手掌左右分開，與肩同
寬，掌心均朝下。（圖4-18）

【**動作15**】重心後移，坐實左腿。與此同時，
兩肘下沉，兩掌收至胸前，坐腕立掌，兩手掌心側朝
前。（圖4-19）

要點❶　本式中掤、捋、擠、按的動作，加強了兩

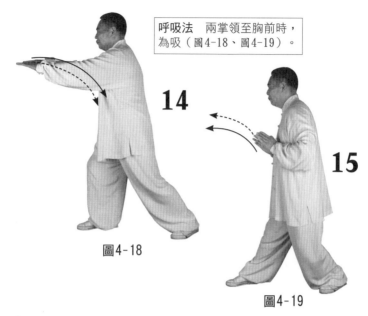

呼吸法 兩掌領至胸前時，為吸（圖4-18、圖4-19）。

圖4-18

圖4-19

臂旋轉纏繞。這樣就可提高對肺經、大腸經、心經、小腸經、心包經和三焦經的刺激強度，起到清熱宣肺、調理腸胃、理氣化滯、養心寧神的作用。兩腳始終踩實湧泉穴，起到了強壯腎經的目的。

要點❷ 做擠、按動作時，左掌心勞宮穴對準右小臂內關穴，擠向外關穴，然後右腕略向內旋，左掌心向前擦摩列缺穴、合谷穴、商陽穴。長期這樣擦摩，有利康復心臟病和頸椎病、頭面病症。《針灸總歌》中有「心胸取內關」「頭項尋列缺」「面口合谷收」等語。

要點❸ 攬雀尾左右掤是太極拳裡最重要的招式，不僅表達了八法手法：掤、捋、擠、按、採、挒、肘、靠，而且動作的緩慢速度使呼吸控制在每分鐘9至

12次。而現在人們由於生活節奏快，每分鐘的呼吸速度是20至22次。適當的緩慢呼吸有利於長壽。

【動作16】蹬左腿，弓右腿，成右弓步。兩掌乘勢向正前方按出，意在兩掌心勞宮穴。面向正西，兩眼平視。（圖4-20）

呼吸法　按掌朝前時，為呼之再呼（長呼）（圖4-20）。

16

圖4-20

第3式　單　鞭

【動作1】放平兩手掌，掌心朝下。同時重心逐漸後移，坐實左腿。（圖4-21）

呼吸法　抒平兩掌時，為吸（圖4-21）。

1

圖4-21

【動作2】左臂微向裡屈，左肘微撐，左手掌裡扣，掌心朝下成採狀。重心仍在左腿，鬆右腿，右腳掌虛懸。（圖4-22）

【動作3】上體隨腰左轉，右腳乘勢裡扣135°，腳趾向東南。同時兩臂由右往左平環，左臂在前領，右臂隨之。身體轉至225°時（東北方向），兩臂置於左側前（東北方向）。與此同時，重心逐漸移向右腿坐實，乘勢碾順左腳（即與右腳趾同一方向）成虛步，腳跟虛懸。（圖4-23）

要點❶　單鞭時要求右腳碾腳跟裡扣135°，這是鍛鍊腳踝勁力的一種方式，也是檢測腳踝關節、大轉子關節、骶關節、腰關節是否協調。

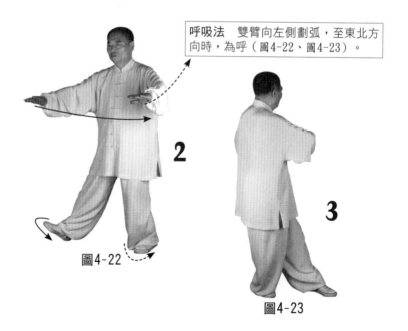

呼吸法　雙臂向左側劃弧，至東北方向時，為呼（圖4-22、圖4-23）。

圖4-22

圖4-23

要點❷ 39式楊氏養生太極拳整套動作演練過程中重點是碾腳跟，其醫理是從足跟中部開始走足內側到達眼部叫「陰蹻脈」，其功能是專管閉眼；從足跟中部開始走足外側到達眼部叫「陽蹻脈」，其功能是專管開眼。碾腳跟是鍛鍊陰、陽蹻脈，使其功能正常，可有效地解決失眠症。

【動作4】上體由左向右後回轉，右臂在前領，左臂在後隨，兩臂迴旋180°至右側後（西南方向）。扣腕坐掌，左手掌心朝下，右手掌心側朝外。（圖4-24）

【動作5】右手扣腕撮指成勾手；左臂翻向裡成掤狀，手掌心朝內。面向西南，眼看勾手。（圖4-25）

呼吸法 雙臂向右側劃弧，至西南方向時，為吸（圖4-24）。勾手翻掌，為呼（圖4-25）。

4

圖4-24

5

圖4-25

【動作6】提左腿向正東方向邁出。當左腳跟著地後，逐漸轉體，由右側轉向正東方向。左臂坐掌由裡往外掤。（圖4-26）

【動作7】左臂坐掌向前掤推出的同時，勾手略向後撐。同時踩平左腳，乘勢蹬右腿，弓左腿，成左弓步。身偏東南，面向正東，兩眼平視。（圖4-27）

呼吸法　左腿邁出，腳跟點地時，為吸（圖4-26）。左掌外旋推向正東，勾手略向後撐時，為呼（圖4-27）。

圖4-26

圖4-27

要點❶ 單鞭是39式楊氏養生太極拳套路裡面轉腰幅度最大的動作（轉腰225°），也是鍛鍊帶脈的好方法。當腰部由右往左轉換的時候，左邊的腰腎下沉，右邊的腰腎鬆浮；當腰部由左往右轉換時，右邊的腰腎下沉，左邊的腰腎鬆浮。

這樣的升降運動對腰腎起了極好的按摩作用，可鍛鍊胃經、膀胱經、腎經、帶脈、衝脈、督脈、任脈，再加上扣腕坐掌的動作（腕部是百脈之氣彙聚之淵，與全身經脈相通），可刺激體內所有的經絡，使五臟六腑、四肢百骸的功能更加協調。

要點❷ 此外身體的左右旋轉，可刺激胸部（胸部有任脈、胃經、脾經、腎經、肺經、心包經、肝經、膽經循行）和腹部（除肺經、心包經以外，有脾經、胃經、肝經、膽經、腎經和任脈循行）的經絡。對防治胸肺疾病、心系疾病、肝膽疾病、脾胃疾病、腎系疾病和婦科病有一定的效果。

要點❸ 單鞭是拳中最舒展的動作之一，由於舒展，對理順肝氣十分有效，肝氣條達是康療憂鬱症的有效方法；此招式也是檢測骨架是否處處工整的方法，俗話說：「骨架工整，氣血自流」。

第4式　提手上勢

【動作1】重心略向後移，使左腳掌微離地面。
（圖4-28）

【動作2】身體隨腰右轉，左腳乘勢裡扣45°，腳
趾向東南。（圖4-29）

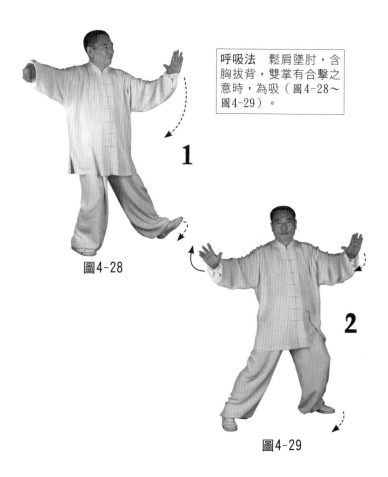

呼吸法　鬆肩墜肘，含
胸拔背，雙掌有合擊之
意時，為吸（圖4-28～
圖4-29）。

圖4-28

圖4-29

【動作3】重心移回左腿，鬆右腿，右腳跟微離地面，成右虛步。同時鬆開勾手，變成掌。然後兩臂均向裡旋翻，使兩手掌心側相對，兩掌坐起。（圖4-30）

【動作4】當左腿坐實以後，身體逐漸左移。提起右腿，前伸一步（正南方向），腳跟著地，腳掌虛懸。兩臂均向裡合的同時，右臂坐掌前伸，手掌心朝右；左手掌合至右肘內側下方（掌肘之間的距離約1平拳），手掌心側朝下。面向正南，兩眼平視。（圖4-31）

要點❶ 本式的坐腕立掌和蹺腳、提踵，有利於鍛鍊心經、胃經、脾經、腎經、膀胱經、膽經、肝經，能防治胃脘痛、腹脹、脾胃虛弱、月經不調、小便不

3

圖4-30

呼吸法 定勢時，為呼（圖4-31）。

4

圖4-31

通、黃疸、陽痿、早洩、身重無力、頭項和腰背、下肢的疾病等。

　　要點❷　本式中左下肢承受上身全部重量，使腹部靜脈壓力增大，促進右心房血液充盈，營養了心肌。

第5式　白鶴晾翅

　　【動作1】兩臂同時旋翻，右臂向內旋，手掌心朝下；左臂向外旋，手掌心朝上。左手仍在右小臂下方，成捋狀。（圖4-32）

　　【動作2】上體隨腰左轉的同時，兩臂走下弧。左臂領，右臂隨。左臂由下向上往右環，置於右臂上方，掌心側朝下。右臂由上往下往左環，掌心側朝上。與此同時，坐實左腿，右腳扣步45°，腳趾向東南。（圖4-33）

　　【動作3】重心右移，坐實右腿，鬆左腿，左腳成虛

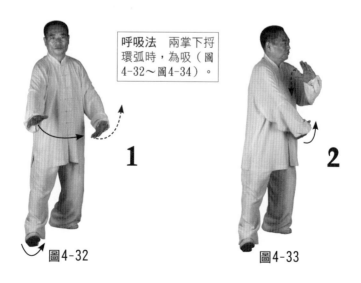

呼吸法　兩掌下捋環弧時，為吸（圖4-32～圖4-34）。

圖4-32　　　　　　　　　　　　圖4-33

步，腳跟離地。與此同時，兩臂環至胸腹之間，成合狀。面向正東。（圖4-34）

【動作4】重心右移坐實，順勢提起左腿前伸半步（正東方向），腳掌輕著地，成左虛步。與此同時，右臂由裡向外、由下往上翻掤至頭部前上方，手掌心朝前，指尖朝左；左掌下按至左胯旁，手掌心朝下，指尖朝前。面向正東，兩眼平視。（圖4-35）

要點❶　本式中兩臂的上掤下採、拔腰長身的動作，鍛鍊三焦經，調達氣息，起到清肝潤肺、開胃健脾、寧心安神的作用。腳跟、腳掌的活動可鍛鍊胃經、脾經和肝經，起到和胃健脾、增補元氣的作用，有防治腰酸腎虛之效。

要點❷　自古以來民間就有「手臂上舉理三焦」的說法。三焦是體內營養熱氣散佈之通道也。

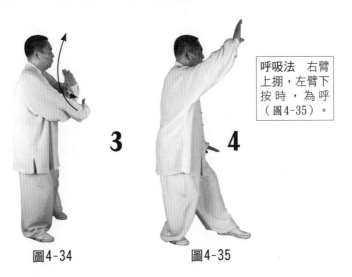

呼吸法　右臂上掤，左臂下按時，為呼（圖4-35）。

圖4-34　　　　　圖4-35

第6式　左摟膝拗步

【動作1】上體隨腰右轉，右臂向下向內旋翻，掌心朝上，右腕略與肩平。左掌微坐起，置於左胯前，掌心側朝下，指尖朝前。（圖4-36）

【動作2】向右繼續轉體的同時，右臂由上往下向右側後環正、立弧，屈臂坐掌，右腕略與肩平，掌心側朝外。左臂同時往上、裡環至右胸前，左掌微向裡扣，掌心側朝下。（圖4-37）

【動作3】提起左腿，向正前方邁出（正東方向），腳跟輕著地，腳掌虛懸。（圖4-38）

> 呼吸法　右臂環下弧至屈臂坐掌，左臂平環置於右胸前時，為吸（圖4-36、圖4-37）。

圖4-36

圖4-37

【動作4】踩平左腳的同時，右臂屈臂坐掌置於右耳外側，掌心側朝外。左掌向前摟至左膝前上方，掌心朝下。（圖4-39）

【動作5】蹬右腿，弓左腿，成左弓步。與此同時，左掌經膝前摟至左膝旁，掌心朝下，指尖朝前；右掌向正前方推出，掌心側朝前。面向正東，兩眼平視。（圖4-40）

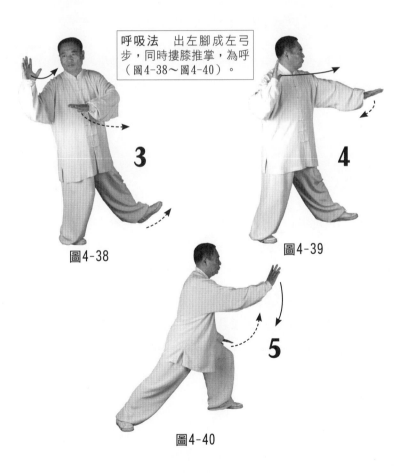

呼吸法　出左腳成左弓步，同時摟膝推掌，為呼（圖4-38～圖4-40）。

圖4-38　　　　　圖4-39

圖4-40

要點❶　本式的動作意在勞宮穴和湧泉穴，鍛鍊肺經、心經、心包經和腎經。有利於防治呼吸系統、精神神經系統、心血管系統、生殖泌尿系統的疾病及慢性腰痛。

要點❷　意在勞宮穴，可除口臭，消除心中怒氣。湧泉穴是腎氣像泉水一樣湧出，加強了腎氣的周流活力。

第7式　手揮琵琶

【動作1】重心前移，順勢提起右腿，向前跟半步，腳掌著地。（圖4-41）

【動作2】重心後移，坐實右腿。左腳乘勢前伸半步，腳掌虛懸，成左虛步。同時，左掌往前往上挑，左腕略與肩平，掌心側朝右；右臂沉肘，右掌由前向後收至左肘內側（掌肘之間的距離約1平拳），掌心側朝下。面向正東，兩眼平視。（圖4-42）

要點　本式動作中，著重強調意守神門穴和合谷穴，可暢通肺經、大腸經、小腸經、心經，提高心肺功能，增加肺通氣量，改善血液循環。有利於防治呼吸系統和心血管系統疾病以及耳聾、耳鳴、項背酸痛、肩胛痛等。

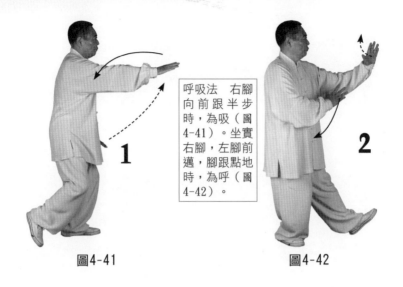

呼吸法　右腳向前跟半步時，為吸（圖4-41）。坐實右腳，左腳前邁，腳跟點地時，為呼（圖4-42）。

圖4-41　　　　　　　　　圖4-42

第8式　倒攆猴

右倒攆猴

【動作1】坐實右腿。與此同時，坐左掌，掌心側朝右；右掌走下弧置於右胯前（掌胯之間的距離約1平拳），掌心朝上，指尖略朝左。（圖4-43）

【動作2】右臂向右側後環正立弧，屈臂坐掌，右腕略與肩平。左掌向外旋，掌心側朝上，左腕略與肩平。與此同時，繼續坐實右腿，左腳掌虛懸起。（圖4-44）

【動作3】提起左腿，以外「八」字形向左後撤步，腳掌輕著地。（圖4-45）

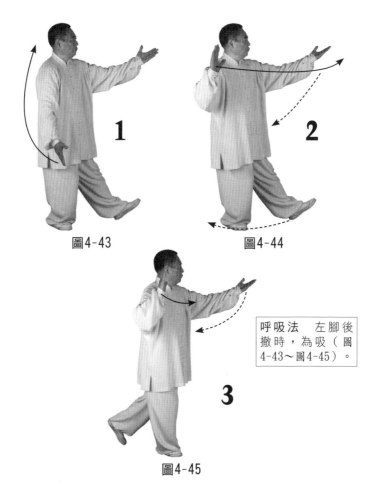

圖4-43　　　　　　　圖4-44

圖4-45

呼吸法　左腳後撤時，為吸（圖4-43～圖4-45）。

【動作4】身向左轉，重心後移，坐實左腿，順勢將右腳裡扣至正東方向。與此同時，右臂坐掌，隨轉腰向前擊出，掌心側朝前；左掌順勢收至左胯前（掌胯之間的距離約1平拳），掌心朝上，指尖略朝右。身偏東北，面向正東，兩眼平視。（圖4-46）

呼吸法 右掌前
推，左掌後抽時，
為呼（圖4-46）。

左倒攆猴

圖4-46

【動作5】左臂向左側環正立弧，屈臂坐掌，左腕
略與肩平。右掌向外旋，掌心側朝上，右腕略與肩平。
與此同時，繼續坐實左腿，右腳掌虛懸起。（圖4-47）

【動作6】提起右腿，以外「八」字形向右後撤
步，腳掌輕著地。（圖4-48）

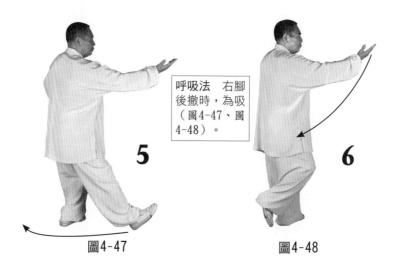

呼吸法 右腳
後撤時，為吸
（圖4-47、圖
4-48）。

圖4-47　　　　　　　　　圖4-48

【動作7】身向右轉，重心後移，坐實右腿，順勢將左腳裡扣至正東方向。與此同時，左臂坐掌，隨轉腰向前擊出，掌心側朝前；右掌順勢收至右胯前（掌胯之間的距離約1平拳），掌心朝上，指尖略朝左。身偏東南，面向正東，兩眼平視。（圖4-49）

呼吸法　左掌前推，右掌後抽時，為呼（圖4-49）。

圖4-49

右倒攆猴

【動作8】右臂向右側後環正立弧，屈臂坐掌，右腕略與肩平。左掌向外旋，掌心側朝上，左腕略與肩平。與此同時，繼續坐實右腿，左腳掌虛懸起。（圖4-50）

【動作9】提起左腿，以外「八」字形向左後撤步，腳掌輕著地。（圖4-51）

【動作10】身向左轉，重心後移，坐實左腿，順勢將右腳裡扣至正東方向。與此同時，右臂坐掌，隨轉腰向前擊出，掌心側朝前；左掌順勢收至左胯前（掌胯之間的距離約1平拳），掌心朝上，指尖略朝右。身偏東北，面向正東，兩眼平視。（圖4-52）

要點❶　本式中撤步的一側腰骶部會有鬆浮的感

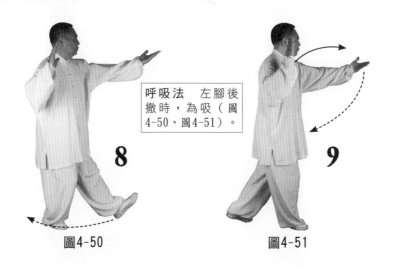

呼吸法　左腳後撤時，為吸（圖4-50、圖4-51）。

8

圖4-50

9

圖4-51

覺；實腳一側的腰骶部會有鬆沉的感覺。這種浮沉運動，對腰骶部起了按摩作用。這種按摩可強壯腎經、帶脈、衝脈、督脈、任脈，促使全身經絡更好地發揮其「行氣血、營陰陽」的作用，有助於防治婦科疾病。

呼吸法　右掌前推，左掌後抽時，為呼（圖4-52）。

10

圖4-52

　　要點❷　倒攆猴不是簡單的撤步倒退活動，它能檢測心神、腦神是否安定不亂，並對虛實做出正確的判斷和控制。

當一腳撤到身後時，應該是腳尖點地試探，然後是腳掌著地，如沒有承重危險，腳跟著地重心才後移。

第9式　斜飛勢

【動作1】左臂往右上環至右胸前，掌心側朝下。右臂往左下環至小腹前，掌心側朝上。兩臂成合狀。（圖4-53）

【動作2】坐實左腿，緩緩提起右腿。（圖4-54）

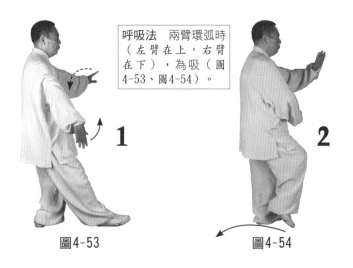

呼吸法　兩臂環弧時（左臂在上，右臂在下），為吸（圖4-53、圖4-54）。

圖4-53　　　　圖4-54

【動作3】右腿向右側後撤步（西南方向），腳跟著地後，腳掌乘勢外撇，腳趾向西南。面向東南。（圖4-55）

【動作4】上體由左轉向右側後（西南方向），同時逐漸移動重心，成右弓步，左腳乘勢裡扣，腳趾向正南。與此同時，兩臂上下斜拉開，右臂由下往上斜掤，掌心朝上，指尖略與鼻尖高；左臂扣腕成採狀，左

掌置於左胯前（掌胯之間的距離約3平拳），掌心側朝下。面向西南，眼看右掌前方。（圖4-56）

要點❶　本式的右臂上展、左臂下採，形成拔腰長身、左右斜拉之勢，有利於開胸理氣，排除肺內濁氣，吸入較多的新鮮空氣。這樣可更好地鍛鍊肺經，疏通氣血，調節情志。由於兩腳意念均在十足趾端，還可刺激和加強足三陰、足三陽經的鍛鍊。

要點❷　此式名稱雖叫斜飛勢，但其招式中，重心中正，不偏不倚，並要求目注中指指端「中衝穴」。中衝穴是氣血旺盛的地方，具有通心絡、消怨氣、開神竅之功。

> 呼吸法　兩臂上下斜拉開時，為呼（圖4-55、圖4-56）。

圖4-55

圖4-56

第10式 肘底捶

【動作1】重心逐漸移向左腿，鬆右腿，右腳乘勢裡扣90°，腳趾向東南。重心移回右腿，左腳跟虛懸。兩臂相環，成合狀，左臂在下，右臂在上。面向東南。（圖4-57）

【動作2】左腳向東北方向邁出，腳跟著地。與此同時，兩臂上下斜拉開，左臂由下往上斜掤，掌心側朝上，指尖略與鼻尖高；右臂下採置於右胯旁（掌胯之間的距離的3平券），掌心側朝下。面向東北。（圖4-58）

> **呼吸法** 兩臂環弧成合狀時（左臂在下，右臂在上），為吸（圖4-57）。兩臂斜拉開時，為呼（圖4-58）。

圖4-57

圖4-58

【動作3】重心前移，踩平左腳。右腳乘勢跟半步，腳掌著地，成虛步。身向左轉，兩臂向左右兩側展。右臂上環至右側前，掌心側朝下，指尖略與鼻尖高。左臂下環，左掌置於左胯旁（掌胯之間的距離約3平拳），掌心側朝下。面向東北。（圖4-59）

【動作4】重心後移，坐實右腿。左腳前伸一步（正東方向），腳跟著地，成左虛步。與此同時，左臂坐腕立掌上挑至左腿前上方（膝肘相對），左腕略與肩平，掌心側朝前；右手逐漸握拳向裡扣，拳眼朝上，拳心朝裡，置於左肘旁（拳肘之間的距離約1平拳）。面向正東，兩眼平視。（圖4-60）

> 呼吸法　右腳跟半步，兩臂左右展開，為吸（圖4-59）。坐實右腿，左腳前伸，腳跟點地，扣右拳時，為呼（圖4-60）。

3

圖4-59

4

圖4-60

要點❶ 本式左掌坐腕時，意守神門穴；右拳內扣時，聚百脈之氣，啟動了全身經氣。右腳踩湧泉穴，左腳跟輕點地，可鍛鍊心經、腎經、肝經和脾經，具有調補心腎之氣、通利三焦、疏肝理氣、活血化瘀、強壯腰膝的功效。

要點❷ 左掌坐腕，意在神門穴，「神」藏於心，主神明，是心氣出入的門戶，故名神門。每天注意神門穴，是防治失眠、健忘、心絞痛的良法。

第11式 海底針

【動作1】右拳鬆開變成掌。上體右轉的同時，右臂向右側後環正立弧，屈臂坐掌，右腕略與肩平，掌心側朝外。與此同時，左臂向裡平環至右胸前，左掌微向裡扣，掌心側朝下。（圖4-61）

呼吸法 右臂環下弧至屈臂坐掌，左臂平環置於右胸前時，為吸（圖4-61）。

圖4-61

【動作2】提起左腿，向前邁出（正東方向），腳跟輕著地，腳掌虛懸。（圖4-62）

【動作3】踩平左腳的同時，左掌由上向下往前摟至左膝上方，掌心朝下；右臂屈肘坐掌置於右耳外側，掌心側朝外。（圖4-63）

【動作4】重心前移，同時左掌經膝前收至左膝旁，掌心朝下，指尖朝前。右掌向前邊推邊垂掌，右腳同時跟半步，腳掌著地，腳跟虛懸。面向正東，兩眼平視。（圖4-64）

2

圖4-62

3

圖4-63

4

圖4-64

呼吸法　出左腳成左弓步，並且右掌摟膝向前邊推邊垂掌，右腳乘勢跟半步時，為呼（圖4-62～圖4-64）。

【動作5】重心後移，坐實右腿，左腳掌乘勢虛懸。與此同時，右肘向後沉至右側大包穴旁，虎口朝前，掌心朝左；左臂相應地向上掤起，略與肩平，置於左腿前上方，掌心朝下。（圖4-65）

【動作6】坐實右腿，左腳前伸半步，同時右挪半腳掌，腳掌著地，成左虛步。與此同時，右臂向前扣腕下插，掌心朝左，指尖朝下，順勢折腰沉胯埋臀；左掌相應地下採置於左胯旁（掌胯之間約1平拳距離），掌心朝下，指尖朝前。頭向正東，眼看右掌前方。（圖4-66）

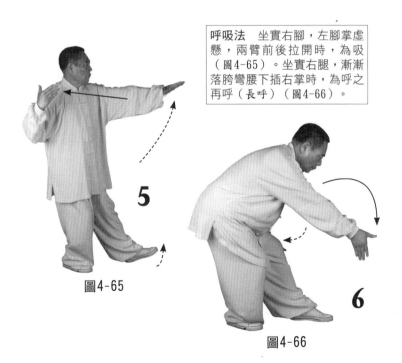

呼吸法　坐實右腳，左腳掌虛懸，兩臂前後拉開時，為吸（圖4-65）。坐實右腿，漸漸落胯彎腰下插右掌時，為呼之再呼（長呼）（圖4-66）。

圖4-65

圖4-66

要點❶　本式的折腰沉胯埋臀的動作，使脊柱神經得到了很好的鍛鍊，背部肌肉得到舒展。背部脊柱兩旁是膀胱經的通行部位，刺激膀胱經能使全身血液循環加快，使處於背部皮下大量處於「休眠」狀態的免疫細胞啟動，從而提高機體免疫力和抗病治病能力，能防治腰痛、下肢痿軟、腰背腿痛、腰骶痛、肝膽病和目疾。

要點❷　海底針式的弧形彎腰拉伸了整條脊柱的筋膜、肌肉、椎體、間盤之間的空間，促動了脊柱的32對神經，使大腦分泌腓肽素（俗稱愉快素），使全身感覺舒服，這種舒服感覺可持續20小時，只要每天感到渾身舒服，就是健康的徵象。而整個腰背拉伸加快五臟六腑的新陳代謝活力，保持了五臟六腑的健康。

第12式　扇通臂

【動作1】緩緩起身，上體略向右轉。與此同時，右臂逐漸往上往外旋翻，左掌也同時往上往右搭向右小臂（即左掌勞宮穴搭在右臂外關穴上），兩掌掌心均朝外。右臂略與肩平。（圖4-67）

【動作2】提左腿向前邁出（正東方向），腳跟著地，隨後踩平左腳蹬右腿，弓左腿，成左弓步。與此同時，兩臂像扇形前後拉開，右掌拉至右額角上方（距太陽穴約1平拳距離），掌心朝外；左臂坐掌向正前方擊出，掌心側朝前。身偏東南，面向正東，兩眼平視。（圖4-68）

呼吸法　起身，兩臂相搭時，為吸（圖
4-67）。左腳前邁，成左弓步，雙臂像
扇形前後拉開時，為呼（圖4-68）。

圖4-67

圖4-68

　　要點　本式兩臂的前後展開動作起到舒胸擴肺的作
用，鍛鍊心經、心包經、肺經，增加心肺通氣量，改善
血液循環。從而起到防治神經系統、心血管系統和呼
吸系統病症的作用，如失眠、抑鬱症、心動過速或過
緩、心律不整、心絞痛和哮喘、咽喉部炎症等。兩腳踩
實湧泉穴，增強腎經的脈氣。

第13式　轉身撇身捶

　　【動作1】重心後移，上體右轉，鬆左腿，左腳乘
勢裡扣135°，腳趾向西南。與此同時，左臂上環至左
額前上方，左掌裡扣，掌緣朝上，掌心側朝外，指尖
朝右；右掌下按至左腹前（掌腹之間1平拳距離），掌
心朝下，指尖朝右。然後重心移向左腿，右腳腳跟離
地，成虛步。（圖4-69）

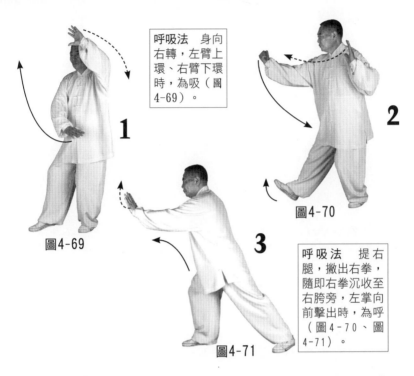

呼吸法　身向右轉，左臂上環、右臂下環時，為吸（圖4-69）。

圖4-69

圖4-70

圖4-71

呼吸法　提右腿，撇出右拳，隨即右拳沉收至右胯旁，左掌向前擊出時，為呼（圖4-70、圖4-71）。

【動作2】右掌逐漸提成拳，隨即提起右腿向前邁出（正西方向），腳跟著地，腳掌虛懸。與此同時，左臂屈臂坐掌，左腕略與肩平，掌心側朝前；右拳拳背向前橫擊出，拳心朝裡，拳背朝前。面向正西，兩眼平視。（圖4-70）

【動作3】重心前移，乘勢踩平右腳，蹬左腿，弓右腿，成右弓步。與此同時，右臂環下孤，右拳沉收至右胯旁（拳胯之間的距離約1平拳），拳心朝上，左掌同時向前擊出，掌心朝前。面向正西，兩眼平視。（圖4-71）

　　要點❶　轉身撇身捶由單臂上舉調理三焦，由兩臂對稱橫開，又能開闊胸肌，理心氣、肺氣，舒展肝氣，使人精神一振。

　　要點❷　本式一緊一鬆的轉身動作，鍛鍊了帶脈、膀胱經、肝經和膽經。握拳時，中指端扣壓勞宮穴，刺激疏通心包經和三焦經，達到防治所屬這些經脈的臟腑病證的效果。

　　要點❸　此式的弓步要注意兩肩膀沒有前後差距，如有肩膀差距，說明你的脊柱扭曲，久之，會形成脊柱側彎。

第14式　雲單鞭

　　【動作1】右拳內旋，上環至右胸前，逐漸鬆開變成掌。左掌外旋，掌心翻朝上。（圖4-72）

　　【動作2】兩掌環弧相抹，右掌在前掤推出，掌心朝外。左掌掤至右胸前，掌心朝裡，成捋狀。（圖4-73）

　　【動作3】重心逐漸移向左腿，右腳乘勢裡扣135°，腳趾向東南。兩臂環弧至左後方（正東方向）。左掌掤推出，掌心側朝東。右掌掤至左胸前，掌心朝裡。（圖4-74）

　　【動作4】重心逐漸移向右腿，乘勢碾順左腳（即與右腳趾同一方向）成虛步，腳跟虛懸。兩臂環弧至右後方（西南方向）。左掌掤至右胸前，掌心朝裡。右手屈腕撮指成勾手。面向西南，眼看勾手。（圖4-75）

呼吸法 右拳左掌相環時，為吸（圖4-72）。右拳變掌，兩掌前抹時，為呼（圖4-73）。

1

圖4-72

2

圖4-73

呼吸法 兩臂向左後雲動至正東方向時，為吸（圖4-74）。兩臂向右後雲動至西南方向勾手翻掌時，為呼（圖4-75）。

3

圖4-74

4

圖4-75

【動作5】坐穩右腿，提左腿。左腳向正東方向邁出，腳跟著地，腳掌虛懸。（圖4-76）

【動作6】上體左轉的同時左臂坐掌往前掤推出，勾手略向後撐。與此同時，踩平左腳，乘勢蹬右腿，弓左腿，成左弓步。身偏東南，面向正東，兩眼平視。（圖4-77）

圖4-76

呼吸法　左腿邁出，腳跟點地時，為吸（圖4-76）。左掌外旋推向正東，勾子略後撐時，為呼（圖4-77）。

圖4-77

要點❶　本式是雲手和單鞭的合併拳式，雲手的左右轉腰和兩臂橢圓環弧，使頸肌、胸肌、腹肌和背肌得到大幅度運動，從而使全身各條經絡，尤其是任、督二脈得到較強的刺激，激發五臟六腑以及四肢百骸氣血的暢通無阻和功能的改善，達到防治所屬這些經脈的臟腑病證的效果，如脊柱強痛、神志病、泌尿生殖系統疾

病、內臟諸病；腹脹、腹痛、腹瀉、胸脅脹滿、咳嗽氣喘、咽喉腫痛等。

　　要點❷　此式左右運動和收腳、開腳時要注意，脊柱始終垂直「種」在水平的骨盆之中，不可使脊柱左右歪倒，否則會影響到骨盆肌肉新陳代謝和盆腔中的氣血充盈，尤其對女性生殖系統產生不利影響。

跟我學第二段

● 第二段

第15式　玉女穿梭

玉女穿梭（一）

　　【動作1】重心右移，身向右轉，鬆左腿，左腳乘勢裡扣135°，趾向西南。左臂由左平環至右胸前，掌心側向裡。（圖4-78）

呼吸法　身向右轉，左掌收至右胸前時，為吸（圖4-78）。右腳向西南方向擺出，兩臂相合（左臂在下，右臂在上），為呼（圖4-79）。

圖4-78

圖4-79

【動作2】重心左移，坐實左腿。右腳擺步45°（正西方向），腳跟著地，腳掌虛懸。與此同時，右臂鬆勾手外旋，掌心朝上；左臂向裡旋，掌心側朝上，置於胸腹前方。（圖4-79）

【動作3】踩平右腳，隨即將重心移向右腿，坐實右腿。同時左腳腳跟離地，成虛步。兩臂成合狀，右臂在左臂上方，兩掌心均側向內。面向西南。（圖4-80）

【動作4】提左腿向前方邁出（西南方向），腳跟著地，腳掌虛懸。左臂由下往上，右臂由前向後，同時斜拉開，兩掌掌心均側朝上。（圖4-81）

呼吸法　向西南方向邁出左腳，腳跟點地，左臂向前掤出，右臂屈收至胸前，為吸（圖4-80、圖4-81）。

圖4-80

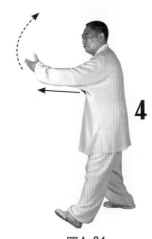

圖4-81

【動作5】踩平左腳，乘勢蹬右腿，弓左腿，成左弓步。左臂向外旋翻，左掌逐漸翻掤至左額角上方，掌心側朝外，指尖朝右。右臂坐掌向前擊出，掌心朝前。面向西南，眼看前方。（圖4-82）

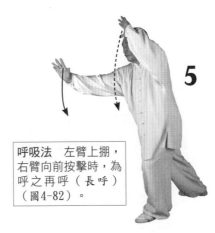

呼吸法　左臂上掤，右臂向前按擊時，為呼之再呼（長呼）（圖4-82）。

圖4-82

玉女穿梭（二）

【動作6】重心後移，坐實右腿。鬆左腿，左腳成虛步，腳掌虛懸。兩臂順勢由上往下捋平，兩掌心均朝下，右掌低於左臂，形如捋狀。（圖4-83）

【動作7】上體右轉，左腳乘勢裡扣，腳趾向正北。（圖4-84）

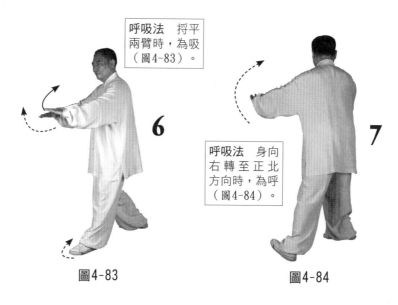

呼吸法 捋平兩臂時，為吸（圖4-83）。

呼吸法 身向右轉至正北方向時，為呼（圖4-84）。

圖4-83　　　　　　圖4-84

【動作8】重心移向左腿，坐實左腿，右腳腳跟離地，成虛步。右臂向右後平環，左臂隨之。（圖4-85）

【動作9】坐穩左腿，身向右轉，提右腿向右後方撤步，腳跟著地後隨即外撇，腳趾向東南。左臂環至右側，掌心側朝上。右臂環至左臂下方，掌心側朝內，成合狀。面向東北。（圖4-86）

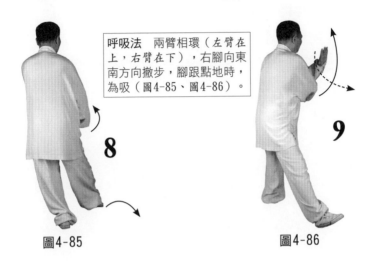

呼吸法 兩臂相環（左臂在上，右臂在下），右腳向東南方向撤步，腳跟點地時，為吸（圖4-85、圖4-86）。

圖4-85

圖4-86

【動作10】上體右轉，踩平右腳，乘勢蹬左腿，弓右腿，成右弓步。左腳隨勢再次扣腳，腳趾向正東。與此同時，右臂向外旋翻，右掌逐漸翻掤至右額角上方，掌心側朝外，指尖朝左；左臂坐掌向前擊出，掌心側朝前。面向東南，眼看前方。（圖4-87）

呼吸法 右臂上掤，左臂向前按擊時，為呼之再呼（長呼）（圖4-87）。

圖4-87

玉女穿梭（三）

【動作11】重心後移，坐實左腿。鬆右腿，右腳成虛步，腳掌虛懸。兩臂順勢由上往下将平，兩掌心均朝下，左掌低於右臂，形如将狀。（圖4-88）

> 呼吸法　将平兩臂時，為吸（圖4-88）。

圖4-88

【動作12】身向左轉，右腳扣步45°，腳趾向正東。然後重心逐漸移向右腿坐實，左腳成虛步，腳跟離地。與此同時，右臂往左環，掌心翻朝上；左臂往右環，掌心翻成側朝內，左臂置於右臂下方，兩臂成合狀。面向東北。（圖4-89）

【動作13】左腿向前邁出（東北方向），腳跟輕著地，腳掌虛懸。左臂由下而上，右臂由前向後，同時斜拉開，兩掌掌心均朝上。（圖4-90）

【動作14】踩平左腳，乘勢蹬右腿，弓左腿，成左弓步。左臂向外旋翻，左掌逐漸翻掤至左額角上方，掌心側朝外，指尖朝右。右臂坐掌向前擊出，掌心側朝前。面向東北，眼看前方。（圖4-91）

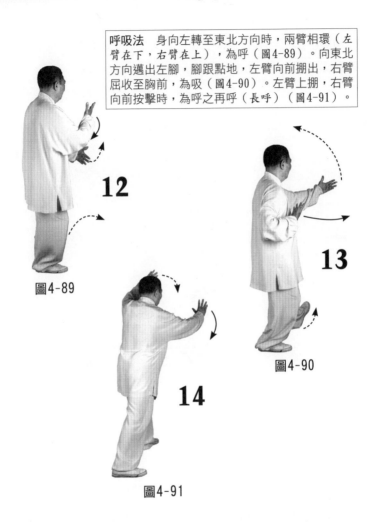

呼吸法　身向左轉至東北方向時，兩臂相環（左臂在下，右臂在上），為呼（圖4-89）。向東北方向邁出左腳，腳跟點地，左臂向前掤出，右臂屈收至胸前，為吸（圖4-90）。左臂上掤，右臂向前按擊時，為呼之再呼（長呼）（圖4-91）。

圖4-89

圖4-90

圖4-91

玉女穿梭（四）

【動作15】重心後移，坐實右腿。鬆左腿，左腳成虛步，腳掌虛懸。兩臂順勢由上往下捋平，兩掌心均朝下，右掌低於左臂，形如捋狀。（圖4-92）

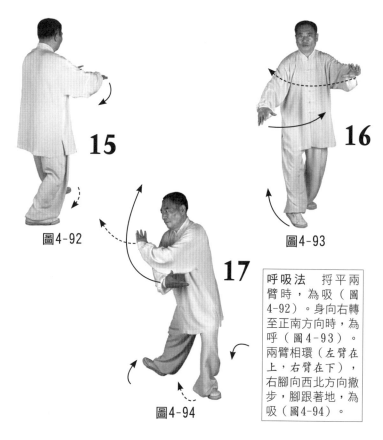

圖4-92

圖4-93

圖4-94

呼吸法　捋平兩臂時，為吸（圖4-92）。身向右轉至正南方向時，為呼（圖4-93）。兩臂相環（左臂在上，右臂在下），右腳向西北方向撤步，腳跟著地，為吸（圖4-94）。

【動作16】上體右轉，左腳乘勢裡扣，腳趾向正南。然後踩平左腳，坐實左腿，右腳成虛步，腳跟離地。右臂向右後平環，左臂隨之。（圖4-93）

【動作17】坐穩左腿，身向右轉，提右腿向右後撤步，腳跟著地後隨即外撇，腳趾向西北。左臂同時環向右側，掌心側朝上。右臂環至左臂下方，掌心側朝內，成合狀。面向西南。（圖4-94）

【動作18】上體右轉，踩平右腳，乘勢蹬左腿，弓右腿，成右弓步。左腳隨勢再次扣腳，腳趾向正西。同時右臂向外旋翻，右掌逐漸翻掤至右額角上方，掌心側朝外，指尖朝左；左臂坐掌向前擊出，掌心側朝前。面向西北，眼看前方。（圖4-95）

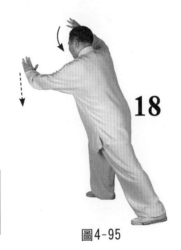

> 呼吸法　右臂上掤，左臂向前按擊時，為呼之再呼（長呼）（圖4-95）。

圖4-95

要點❶　本式透過兩腿虛實變化、腳跟交替輾轉、兩臂八方纏繞、腰部的旋轉運動，使人體頭頸部、胸部、腹部、胯部、背部、腰部、臀部的肌肉和經絡同時得到鍛鍊。全身肌肉收縮和舒張，其張力變化引起的熱和代謝產物的化學刺激，使全身經絡活躍起來，更好地發揮其「行氣血，營陰陽」的作用，使五臟六腑、四肢百骸的功能更加協調，從而達到提高免疫力、抵抗疾病的效果。

要點❷　這些運動同時啟動了背部皮下大量「休眠」狀態、功能很強的免疫細胞；由於胸部肌肉一鬆一緊的扭轉運動，使前胸受到刺激，胸腺會分泌出大量的免疫活性肽物質。免疫活性肽物質在體內能時刻監視變

異細胞（癌細胞），並能隨時「槍斃」它們。

要點❸　姿勢不正造成的疾病占人類疾病的大多數。姿勢造成的病患無藥可治，無手術可施。例如脊柱側彎，人體有運動肌600多塊，都是縱橫交錯扭在一起，一旦造成姿勢不良之症，要糾正如初，不是容易的事。而玉女穿梭四面八方的運動角度，最大限度地鬆解肌肉，使這些錯綜複雜的肌肉群得到有效的新陳代謝。所以，每天注重玉女穿梭的練習，是康復和防治頸椎、胸椎、腰椎、骶椎病的方法。

第16式　攬雀尾

左 掤

【動作1】重心後移，兩臂同時由上而下捋平。左掌低於右臂，兩掌掌心均朝下，形如捋狀。（圖4-96）

【動作2】右腳裡扣90°，腳趾向西南。隨後逐漸將重心移向右腿，鬆左腿，左腳成虛步，腳掌著地。同時右臂向裡環至胸腹之前，右掌心側朝下；左臂向裡環至腹前，並逐漸向裡旋使左掌心側朝上。右臂在上，左臂在下，兩臂成合狀。面向西南。（圖4-97）

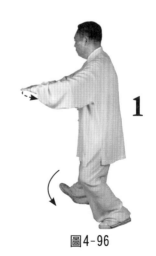

圖4-96

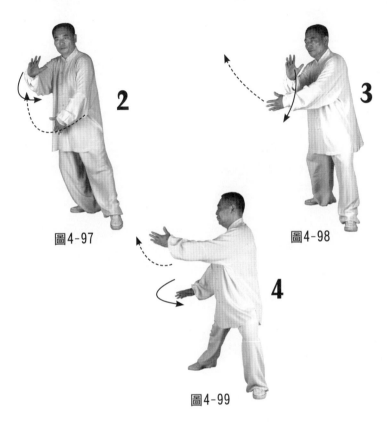

圖4-97

圖4-98

圖4-99

【動作3】坐實右腿，向前邁出左腿（正南方向），腳跟輕著地，腳掌虛懸。（圖4-98）

【動作4】踩平左腳的同時，乘勢蹬右腿，弓左腿，成左弓步。以腰帶上體由南轉向正西方向，與此同時，左臂由下往上掤起，略與肩平，左掌心朝右，指尖略高於肘；右臂由上往下採至右胯前（掌胯之間的距離約3平拳），掌心朝下。面向正西，兩眼平視。（圖4-99）

右 掤

【動作5】重心移向右腿，鬆左腿，左腳成虛步，腳掌虛懸。（圖4-100）

【動作6】身向右轉，左腳乘勢裡扣45°，腳趾向西南。（圖4-101）

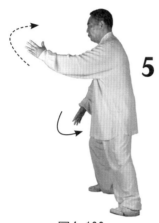

圖4-100

圖4-101

【動作7】身向左轉至西南方向，同時重心移向左腿，鬆右腿，右腳成虛步，腳跟離地。與此同時，右掌由右向左前環至腹前，右掌心側朝裡；左臂向裡合，左腕略與肩平，左掌心側朝下。左臂在上，右臂在下，成合狀。（圖4-102）

圖4-102

【動作8】坐實左腿，向前邁出右腿（正西方向），腳跟輕著地，腳掌虛懸。（圖4-103）

【動作9】踩平右腳的同時，乘勢蹬左腿，弓右腿，成右弓步。右臂往上掤至胸前，右掌心朝裡，指尖略高於肘。左掌下採至右腕下方（中指尖距右小臂內關穴約1平拳距離），左掌心側朝外。面向正西，兩眼平視。（圖4-104）

圖4-103　　　　　　圖4-104

捋

【動作10】以腰帶上體往右轉至西北方向，同時兩臂旋翻。右臂向外旋，右掌心側朝外，指尖略高於肘；左臂向裡旋，左掌心側朝裡，兩掌心側相對。面向西北。（圖4-105）

【動作11】上體隨腰左轉，同時逐漸將重心移至

圖4-105　　　　　　　圖4-106

左腿，放鬆右腿。兩臂隨轉體捋至西南方向。面向西南。兩眼平視。（圖4-106）

擠

【動作12】上體隨腰右轉至正西方向的同時，右臂向內旋，成掤狀，右掌心側朝裡；左臂向外旋，左掌心側朝外，然後左掌搭在右小臂上（左掌勞宮穴搭在右小臂內關穴上）。（圖4-107）

【動作13】在轉體搭臂的同時，蹬左腿，弓右腿，成右弓步。兩掌乘勢向前擠

圖4-107

出。面向正西，兩眼平
視。（圖4-108）

圖4-108

按

【動作14】用左掌
心勞宮穴往前抹向右手
的列缺、合谷、商陽
穴，然後兩掌左右分
開，與肩同寬，掌心均
朝下。（圖4-109）

【動作15】重心後移，坐實左腿。與此同時，兩
肘下沉，兩掌收至胸前，坐腕立掌，兩掌心側朝前。
（圖4-110）

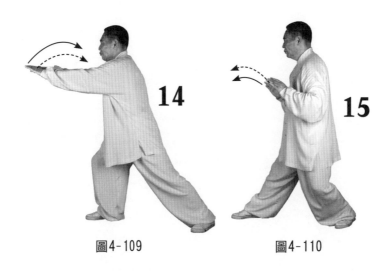

圖4-109   圖4-110

【動作16】蹬左腿，弓右腿，成右弓步。兩掌乘勢向正前方按出，意念集中在兩掌心勞宮穴。面向正西，兩眼平視。（圖4-111）

要點　參見第2式。

圖4-111

第17式　單　鞭

【動作1】將平兩掌，掌心朝下。同時重心逐漸後移，坐實左腿。（圖4-112）

【動作2】左臂微向裡屈，左肘微撐，左掌裡扣，掌心朝下成採狀。重心仍在左腿，鬆右腿，右腳掌虛懸。（圖4-113）

圖4-112　　　　　　圖4-113

【動作3】上體隨腰左轉，右腳乘勢裡扣135°，腳趾向東南。同時兩臂由右往左平環，左臂前領，右臂隨之。身體轉至225°時（東北方向），兩臂直於左側前（東北方向）。與此同時，重心逐漸移向右腿坐實，乘勢碾順左腳（即與右腳趾同一方向）成虛步，腳跟虛懸。（圖4-114）

【動作4】上體由左向右後回轉，右臂在前領，左臂在後隨，兩臂迴旋180°至右側後（西南方向）。扣腕坐掌，左掌心朝下，右掌心側朝外。（圖4-115）

圖4-114　　　　　　　圖4-115

【動作5】右手屈腕撮指成勾手。左臂翻向裡，掌心朝裡成掤狀。面向西南，眼看勾手。（圖4-116）

【動作6】上身不動，提左腿向正東方向邁出，當左腳跟著地後，逐漸轉體，由右側轉向正前方。右臂勾手不動。左臂坐掌由裡往外掤。（圖4-117）

圖4-116　　　　　　圖4-117

【動作7】左臂坐掌向正前方掤推出的同時，勾手略向後撐。同時踩平左腳，蹬右腿，弓左腿，成左弓步。身偏東南，面向正東，兩眼平視。（圖4-118）

要點　參見第3式。

圖4-118

第18式　高探馬

【動作1】上體稍向右轉，重心逐漸移至右腿坐實，使左腳成虛步，腳掌虛懸。

同時右勾手放展成掌，掌心朝下。左掌隨臂向外旋

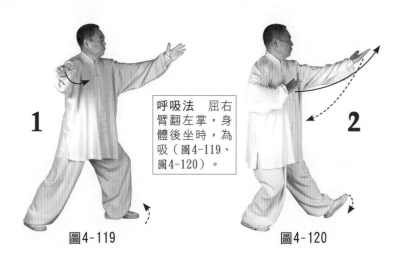

呼吸法 屈右臂翻左掌，身體後坐時，為吸（圖4-119、圖4-120）。

圖4-119　　　　　　圖4-120

翻，掌心側朝上。（圖4-119）

【動作2】上體轉向正東，右臂隨勢裡屈至右胸前。（圖4-120）

【動作3】右掌扣腕平坐掌，往前探擊（力貫神門穴），掌緣朝前，掌心朝下。同時左掌沉至左腹前（掌腹之間的距離約1平拳），掌心側朝上，指尖朝右。左腳也乘勢提起，前伸半步，腳掌著地。面向正東，兩眼平視。（圖4-121）

呼吸法 收左腳，探擊右掌時，為呼（圖4-121）。

圖4-121

要點　本式動作側重於鍛鍊腹肌。腹肌的收縮和放鬆，可使腹腔各臟器的血液循環改善，啟動任脈、腎經和肝經經氣，有利於防治生殖泌尿系統病證以及慢性腰痛、咽喉痛、失眠、眩暈、耳鳴、視力減退等病證。

第19式　右左分腳

右分腳

【動作1】坐實右腿，兩臂隨上體右轉。面向東南。（圖4-122）

【動作2】提左腿向左側邁出（東北方向），腳跟著地，腳掌虛懸。與此同時，左臂前伸直於左腿上方（左膝左肘相對），掌心朝上；右臂屈至右胸前，掌心朝下。面向東北。（圖4-123）

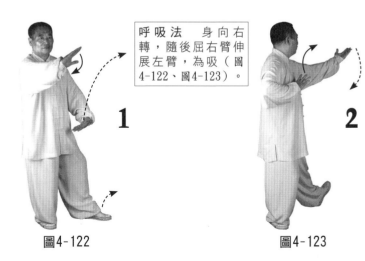

呼吸法　身向右轉，隨後屈右臂伸展左臂，為吸（圖4-122、圖4-123）。

圖4-122　　　　　　　　圖4-123

【動作3】兩臂平抹，左臂在外，掌心朝裡。右臂在內，掌心朝外。同時乘勢踩平左腳。面向東北。（圖4-124）

【動作4】右臂環抹至右前方（東南方向），掌心側朝外；左臂環抹至左胸前，掌心側朝裡，成捋狀，左掌低於右臂。與此同時，踩平左腳，乘勢蹬右腿，弓左腿，成左弓步。面向東南。（圖4-125）

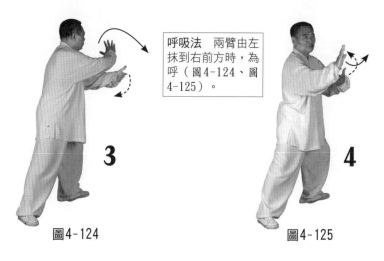

呼吸法 兩臂由左抹到右前方時，為呼（圖4-124、圖4-125）。

圖4-124　　　　　　　　　圖4-125

【動作5】身體左轉，兩掌捋至東北方向，兩臂相合，搭成斜「十」字，相交於胸部膻中穴的正前方（掌與胸之間的距離約2平拳），右掌在外，左掌在內（右臂內關穴搭在左臂外關穴上），兩掌掌心均朝裡。面向東北。（圖4-126）

【動作6】重心前移，乘勢站起左腿，提右腿，右腳尖自然下垂，腳面略繃。（圖4-127）

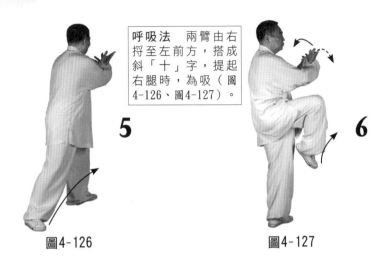

呼吸法 兩臂由右
将至左前方,搭成
斜「十」字,提起
右腿時,為吸(圖
4-126、圖4-127)。

圖4-126

圖4-127

【動作7】以右腳腳面向東南方向踢出。與此同時,兩臂向左右展開,坐腕立掌,兩腕略與肩平,兩掌心均側朝外。右腿和右臂膝肘相對,左臂在左側後。面向東南,眼看前方。(圖4-128)

呼吸法 向東南方
向分掌分腳時,為
呼之再呼(長呼)
(圖4-128)。

圖4-128

左分腳

【動作8】左臂裡屈至左胸前，左掌心側朝前。右臂同時向外旋，右掌心側朝上。與此同時屈收右腿，腳尖自然下垂，腳面略繃。（圖4-129）

> 呼吸法　屈收右腿落右腳，兩臂環（左臂在上，右臂在下）時，為吸（圖4-129、圖4-130）。

圖4-129

【動作9】坐左腿，落右腿（東南方向），腳跟輕著地，腳掌虛懸。與此同時，兩掌平抹至右胸前，左臂在上，掌心側朝下；右臂在下，掌心側朝上。面向東南。（圖4-130）

圖4-130

【動作10】兩掌由右往左平抹，左臂環至左前方（東北方向），掌心側朝外；右臂環至右胸前，掌心側朝裡，成捋狀，右掌低於左臂。與此同時，踩平右腳，乘勢蹬左腿，弓右腿，成右弓步。面向東北。（圖4-131）

呼吸法　兩臂由右抹至左前方時，為呼（圖4-131）。

10

圖4-131

【動作11】上體右轉，兩掌捋至東南方向，兩臂相合，搭成斜「十」字，相交於胸部的膻中穴正前方（掌與胸之間的距離約2平拳），左掌在外，右掌在內（左臂內關穴搭在右臂外關穴上），兩掌掌心均朝裡。面向東南。（圖4-132）

【動作12】重心前移，乘勢站起右腿，提左腿，左腳尖自然下垂，腳面略繃。（圖4-133）

【動作13】以左腳腳面向東北方向踢出。與此同時，兩臂向左右展開，坐腕立掌，兩腕略與肩平，掌心均側朝外。左腿和左臂膝肘相對，右臂在右側後。面向東北，眼看前方。（圖4-134）

11

呼吸法 兩臂由左
捋至右前方搭成斜
「十」字，提起左
腿時，為吸（圖
4-132、圖4-133）。

圖4-132

12

圖4-133

呼吸法 向東北方
向分掌分腳時，為
呼之再呼（長呼）
（圖4-134）。

13

圖4-134

要點❶ 本式兩臂、兩腿的大幅度活動，著重刺激
手三陰經、手三陽經和足三陰經、足三陽經，對於治療
胸肺疾病、眼疾以及咽喉、脾胃、肝、腎的疾病有一定
的效果。

要點❷ 本式分掌分腳的運動能抻筋拔骨，從而鬆解粘連，解除肌肉軟組織粘連，滑利關節，消除水腫，增強血液循環，有利於防治頸椎病、胸椎病、腰椎病以及關節病和軟組織損傷。

要點❸ 分腳時腳尖與臍中線等高，伸展下肢上部肌肉。但必須腳趾全部往前伸展5公分為宜，這是抻拉大轉子骨往前鍛鍊的最安全的距離。同時伸展的大腿往左或往右水平轉動45°，這種動作是我們平時下肢運動很少做到的，有利於消除股骨頭得不到活動的死角，使股骨頭不易壞死。醫學界稱股骨頭壞死是「不死的癌症——寸步難行」，而練習分腳的動作，對預防股骨頭壞死有積極的意義。

第20式　轉身右蹬腳

【動作1】屈收左腿，腳尖朝下，腳面略繃。（圖4-135）

【動作2】左腿懸空後伸。兩肘微沉，坐腕立掌。（圖4-136）

【動作3】以右腳掌為軸身體向右轉體360°。然後左腳落地坐實，腳趾向東北。隨即右腳成虛步，腳跟離地。兩臂在左胸前相合，搭成斜「十」字，相交於胸部膻中穴的正前方（掌與胸之間的距離約2平拳）。右掌在外，左掌在內（右臂內關穴搭在左臂外關穴上），兩掌掌心均朝裡。面向東北。（圖4-137）

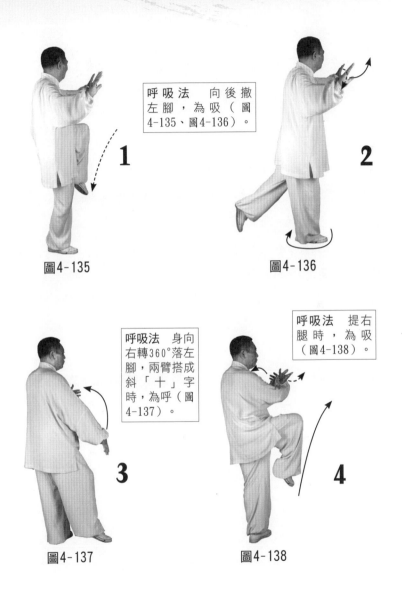

呼吸法 向後撤左腳，為吸（圖4-135、圖4-136）。

圖4-135

圖4-136

呼吸法 身向右轉360°落左腳，兩臂搭成斜「十」字時，為呼（圖4-137）。

呼吸法 提右腿時，為吸（圖4-138）。

圖4-137

圖4-138

【動作4】站起左腿，提右腿，右腳尖自然下垂，腳面略繃。（圖4-138）

【動作5】以右腳腳跟向前蹬出（正東方向）。兩臂同時向左右兩側展開，坐腕立掌，兩腕略與肩平，兩掌掌心均側朝外。右腿和右臂膝肘相對，左臂在左側後。身偏東北，面向正東，眼看前方。（圖4-139）

要點❶ 本式兩臂、兩腿大幅度的展開活動，著重刺激手三陰經、手三陽經和足三陰經、足三陽經，對於治療胸部疾病、眼病、咽喉病、神志病、脾胃病、肝病、腎病、肺病有一定的效果。

要點❷ 本式的分掌、蹬腳動作能抻筋拔骨，從而鬆解粘連，滑利關節，消除水腫，增強血液供給，有利於防治頸椎病、胸椎病、腰椎病、關節病和軟組織損傷。

要點❸ 蹬腳最高點不宜超過肚臍高度，否則會拉傷腰肌或壓迫腰椎神經，久之易造成腰痛病或腰椎綜合徵，所以楊氏太極拳中有「蹬腿不過腰」之說。

呼吸法 向正東方向分掌蹬腳時，為呼之再呼（長呼）（圖4-139）。

5

圖4-139

第21式　左右打虎勢

左打虎勢

【動作1】屈收右腿，腳尖朝下，腳面略繃。（圖4-140）

【動作2】坐左腿，落右腿，右腳扣步45°（東北方向），腳跟輕著地，腳掌虛懸。（圖4-141）

【動作3】重心逐漸移向右腿，踩平右腳，左腳乘勢成虛步，腳跟離地。左掌往裡環，指尖對著右臂近肘處，掌心側朝裡；右臂往前伸，掌心側朝外，成捋狀。（圖4-142）

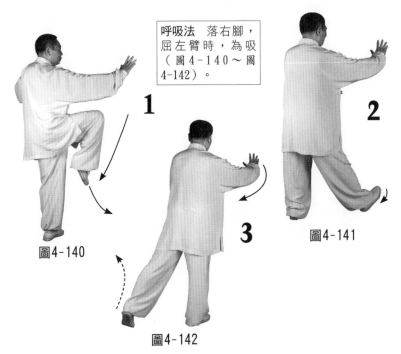

呼吸法　落右腳，屈左臂時，為吸（圖4-140～圖4-142）。

圖4-140

圖4-141

圖4-142

【動作4】提左腿向正北方向邁出，腳跟著地，腳掌虛懸。與此同時，上體隨腰左轉至正北方向。隨後重心前移，乘勢踩平左腳。左臂環上弧，右臂環下弧。（圖4-143）

【動作5】左腿逐漸弓出，蹬右腿，成左弓步。與此同時，左掌逐漸握成拳，向上環弧至左額前上方，拳眼朝下，拳心朝外；右掌也同時逐漸握成拳，扣腕坐拳環至腹前（拳腹之間的距離約3平拳），拳眼朝上，拳心朝裡。兩拳拳眼相對。面向正北，兩眼平視。（圖4-144）

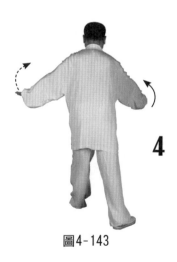

呼吸法　踩平右腳，邁左腿，握拳環兩臂時，為呼（圖4-143、圖4-144）。

4

圖4-143

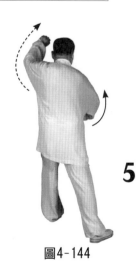

5

圖4-144

右打虎勢

【動作6】重心後坐，左腳掌虛懸。（圖4-145）

【動作7】上體向右後轉，左腳乘勢裡扣135°，腳趾向東南。隨後重心移向左腿坐實，右腳成虛步。兩臂由上而下，逐漸鬆拳變掌成捋狀，面向東南。（圖4-146）

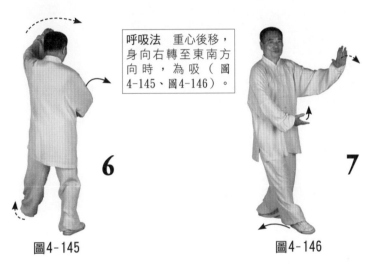

呼吸法 重心後移，身向右轉至東南方向時，為吸（圖4-145、圖4-146）。

圖4-145　　　　　　　　　圖4-146

【動作8】提右腿向正南方向邁出，腳跟著地，腳掌虛懸。（圖4-147）

【動作9】上體隨腰右轉至正南方向，重心前移，乘勢踩平右腳。同時右臂環上弧，左臂環下弧。（圖4-148）

【動作10】右腿逐漸弓出，蹬左腿，成右弓步。與此同時，右掌逐漸握成拳，向上環弧至右額前上方，拳眼朝下，拳心朝外；左掌也同時逐漸握成拳，扣腕坐

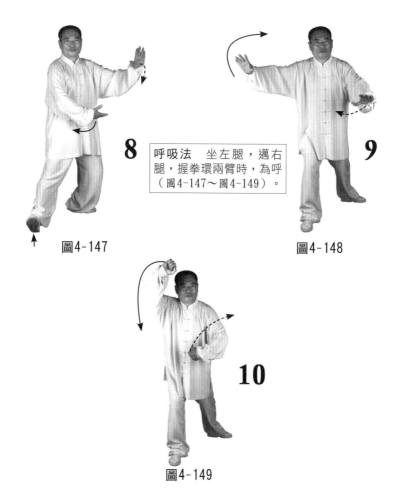

呼吸法 坐左腿，邁右腿，握拳環兩臂時，為呼（圖4-147～圖4-149）。

圖4-147

圖4-148

圖4-149

拳環至腹前（拳腹之間的距離約3平拳），拳眼朝上，拳心朝裡。兩拳拳眼相對。面向正南，兩眼平視。（圖4-149）

　　要點❶　本式兩拳的上下環弧、手指的握放，可激發手三陰經、手三陽經；腳踩湧泉穴和輾轉腳跟，刺激

腎經。這樣可起到暢通面部氣血，醒腦寧神的作用。用現代醫學來解釋，這樣的刺激可在大腦皮質中產生良性誘導，不僅能使大腦的興奮和抑制過程得到調節，而且還可以起到消除慢性疾病在大腦皮質形成的病理興奮的作用。

要點❷ 凡是單臂上舉的動作都有理三焦作用（調整刺激消化，使三焦溫煦之氣散佈全身）。此式還兼有水平方向左右扭曲整條脊柱的作用，像豎直擰放濕毛巾的道理一樣，將脊柱中的「髒水」擰出，讓新鮮體液進入，以此保證了整條脊柱新陳代謝正常而健康無疾。

第22式 回身右蹬腳

【**動作1**】坐實右腿，上體左轉，左腳乘勢外撇90°，腳趾向東北，腳掌虛懸。與此同時，左拳隨勢由下往左上橫擊出，左腕略與肩高，拳背朝前；右拳下環至右側旁（距期門穴約3平拳距離），拳心朝下，拳眼朝左。面向東北。（圖4-150）

【**動作2**】踩平左腳的同時，右腳乘勢裡扣90°，腳趾向正東。隨後蹬右腿，弓左腿，成左弓步。與此同時，右拳朝左拳下方擊出，置於左小臂外側，兩臂搭成斜「十」字，相交於胸部膻中穴的正前方（拳與胸之間的距離約2平拳）。右拳在外，左拳在內（右臂內關穴搭在左臂外關穴上），兩拳拳心均朝裡。面向東北，兩眼平視。（圖4-151）

呼吸法　上體由正南轉向東北方向，兩臂搭成斜「十」字，提起右腿時，為吸（圖4-150～圖4-152）。

圖4-150

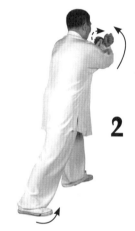

圖4-151

【動作3】站起左腿，提右腿，右腳尖自然下垂，腳面略繃。（圖4-152）

圖4-152

【動作4】以右腳腳跟朝正東方向蹬出，同時兩拳逐漸鬆開變成掌，向左右兩側展開，坐腕立掌，兩腕略與肩平，掌心均側朝外。右腿和右臂膝肘相對，左臂在左側後。身偏東北，面向正東，眼看前方。（圖4-153）

要點　參見第20式。

呼吸法　向正東方向分掌蹬腳時，為呼之再呼（長呼）（圖4-153）。

圖4-153

第23式　雙峰貫耳

【動作1】收右腿，腳尖自然下垂，腳面略繃。（圖4-154）

【動作2】以左腳跟為軸向右轉體，腳趾向正東，面向東南。兩臂隨勢平環至東南方，與肩同高、同寬。兩掌掌心均旋翻朝上。（圖4-155）

呼吸法 收右腿沉兩肘，轉身東南方向時，為吸（圖4-154、圖4-155）。

圖4-154

圖4-155

【動作3】坐穩左腿，輕落右腿（東南方向），腳跟著地，腳掌虛懸。兩掌由前向後沉收至兩胯旁（掌胯之間的距離約1平拳），兩掌掌心朝上。（圖4-156）

圖4-156

【動作4】踩平右腳，乘勢蹬左腿，弓右腿，成右弓步。與此同時，兩掌內旋插向身後，逐漸握成拳，由下往外環大弧。兩拳往上貫擊，置於左右額前方。兩拳裡扣，拳眼側相對，拳心側朝外。兩眼平視，面向東南。（圖4-157）

要點　本式兩拳貫擊的動作，刺激手三陰經、手三陽經；背部的拔伸動作，刺激任督二脈、帶脈、衝脈和膀胱經；兩腳踩實湧泉穴，加強腎經的脈氣，起到了調節全身氣血的作用，有利於防治泌尿、生殖系統和各種婦科疾病等。

呼吸法　弓右腿，上貫雙拳時，為呼之再呼（長呼）（圖4-156、圖4-157）。

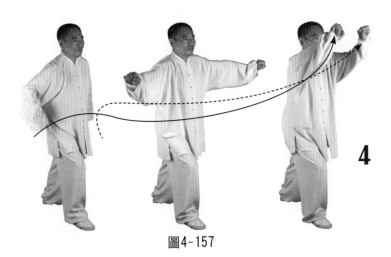

圖4-157

第24式　左蹬腳

【動作1】站起右腿，提左腿，左腳尖自然下垂，腳面略繃。同時兩拳左右開，向下環弧至腹前，再往上環弧至胸前，兩臂搭成斜「十」字，相交於胸部膻中穴的正前方（拳胸之間的距離約2平拳），兩拳拳心均朝裡。左臂在外，右臂在內（左臂內關穴搭在右臂外關穴上）。（圖4-158）

【動作2】以左腳腳跟向正東方向蹬出。與此同時，兩拳鬆開變成掌，向左右兩側展開，坐腕立掌，兩腕略與肩平，兩掌掌心均側朝外。左腿和左臂膝肘相對，右臂在右側後。身偏東南，面向正東，眼看前方。（圖4-159）

> 呼吸法　兩臂下環搭成斜「十」字，提起左腿時，為吸（圖4-158）。向正東方向分掌蹬腳時，為呼之再呼（長呼）（圖4-159）。

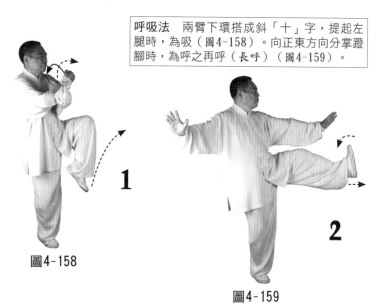

圖4-158

圖4-159

要點 本式兩臂、兩腿的大幅度活動，可增加回心血量、心臟的搏出量和肺的通氣量，使全身氣血暢通，臟腑平衡。長期堅持這些動作鍛鍊，使先天精氣充沛，後天水穀、精微不斷補充。

第25式 金雞獨立

右金雞獨立

【動作1】站穩右腿，收左腿。左腳以外「八」字形向後撤步，腳掌輕著地。（圖4-160）

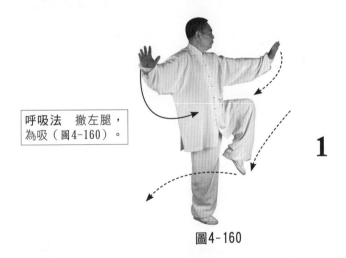

呼吸法 撤左腿，為吸（圖4-160）。

1

圖4-160

【動作2】坐實左腿，乘勢鬆右腿，右腳成虛步，腳跟離地。與此同時，右掌下按至右胯前（掌胯之間的距離約1平拳）。（圖4-161）

【動作3】坐左腿，提右腿，右腳尖自然下垂，腳面略繃。右掌上挑，指尖朝上，略與鼻尖高，掌心朝

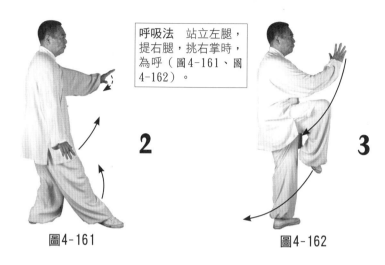

呼吸法　站立左腿，提右腿，挑右掌時，為呼（圖4-161、圖4-162）。

圖4-161　　　　　　圖4-162

左，右肘右膝相對（肘膝之間的距離約1平拳）；與此同時，左掌外旋，置於左胯旁（掌胯之間的距離約1平拳），掌心朝下，指尖朝前。身偏東北，面向正東，眼看前方。（圖4-162）

左金雞獨立

【動作4】右腳以外「八」字形向後撤步，腳掌輕著地。隨即坐實右腿，乘勢鬆左腿，左腳成虛步，腳跟離地。右掌下按至右胯前（掌胯之間的距離約1平拳），掌心朝下，指尖朝前；左臂沉肘坐掌，指尖略與肩平。（圖4-163）

【動作5】站起右腿，提左腿，左腳尖自然下垂，腳面略繃。左掌上挑，指尖朝上，略與鼻尖高，掌心朝右，肘膝相對（左膝左肘之間的距離約1平拳）；與此同時，右掌外旋，置於右胯旁（掌胯之間的距離約1平

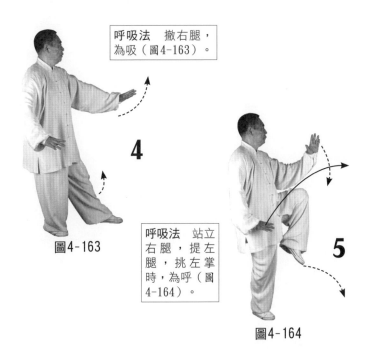

呼吸法 撤右腿，為吸（圖4-163）。

4

圖4-163

呼吸法 站立右腿，提左腿，挑左掌時，為呼（圖4-164）。

5

圖4-164

拳），掌心朝下，指尖朝前。身偏東南，面向正東，眼看前方。（圖4-164）

要點❶ 當兩條腿交替站立時，增強腹肌（包括骨盆骶肌、膈肌、腹前壁和腹後壁的肌肉）的力量，又能促進胃腸蠕動，可消除肝臟瘀血，促進血液循環，調節女性生殖器官功能，能有效防治胃腸病症、肝膽疾患、脾胃虛弱、婦科疾患、眼科疾病以及偏頭痛等。

要點❷ 撤步換對側同一招式，必須保持與對側絲毫不差的高度，等於嚴格檢測你的穩定性、靈活性，對側交換姿勢的均衡能力。

第26式　高探馬穿掌

【動作1】落左腿，左腳乘勢提起前伸半步，腳掌輕著地，腳跟虛懸。與此同時，左掌邊下按邊旋翻至左腹前（掌腹之間的距離約1平拳），掌心側朝上，指尖朝右；右臂上提至與胸高，扣腕平坐掌往前探擊（力貫神門穴），掌緣朝前，掌心朝下。面向正東，兩眼平視。（圖4-165）

【動作2】提起左腿向正東方向邁出半步，腳跟著地後，乘勢踩平左腳，蹬右腿，弓左腿，成左弓步。與此同時，右臂平環至左腋前，右掌掌心朝下；左臂乘勢向前穿出，左掌掌心朝上，左掌高度略與頸齊。面向正東，兩眼平視。（圖4-166）

要點❶　高探馬穿掌時胸膈的收縮和舒展，使胸膈

呼吸法　落左腳，探擊右掌時，為吸（圖4-165）。邁左腿，收右掌，穿左掌，為呼（圖4-166）。

1

2

圖4-165　　　　　　圖4-166

肌得到鍛鍊，同時胸腔和腹腔內的臟器得到溫和的內氣按摩，提高肺經、心經、心包經、三焦經和腎經的經氣，有利於防治生殖泌尿系統病症以及慢性腰痛、咽喉痛、失眠、眩暈、耳鳴、視力減退等病症。

要點❷　高探馬時左腳要虛透（前腳掌微微著地），這時丹田之氣下沉腹部深處肌肉群內，使腎水充盈，隨著左腳跨步弓步，丹田之氣上行、前行、再上行，使腎陽活躍、旺盛，腎陰充盈，達到腎陰腎陽功能正常給力、平衡，有補腎陰、壯腎陽同工之效。

第27式　轉身白蛇吐信

【動作1】重心移向右腿，上體右轉，鬆左腿，左腳乘勢裡扣135°，腳趾向西南。隨後將重心移至左腿坐實，鬆右腿，右腳成虛步，腳跟離地。與此同時，左臂上環至左額角上方，左掌裡扣，掌緣朝上，掌心側朝外，指尖朝右；右掌下按至腹前逐漸握成拳（拳腹之間的距離約1平拳），拳心朝下，拳眼朝裡。面向西南。（圖4-167）

> 呼吸法　身向右轉，左臂上掤，右臂下按，面向西南方向時，為吸（圖4-167）。

圖4-167

【動作2】提右腿向正西方向邁出，腳跟輕著地，腳掌虛懸。左臂屈臂坐掌，左腕略與肩平，掌心側朝前。以右拳背往右前橫擊出，隨即鬆拳變成掌，指尖與鼻尖平高，掌心朝上，指尖朝前。（圖4-168）

【動作3】踩平右腳，乘勢蹬左腿，弓右腿，成右弓步。與此同時，右掌由上往下收至右胯旁（掌胯之間的距離約1平拳），掌心朝上，指尖朝前；左掌向正西方向擊出，掌心側朝前。面向正西，兩眼平視。（圖4-169）

呼吸法　左臂屈肘坐掌，右拳變掌橫擊出，隨後右掌收至胯旁，左掌向前擊出時，為呼（圖4-168、圖4-169）。

圖4-168

圖4-169

要點 本式一緊一鬆的轉身動作，鍛鍊了帶脈和膽經、肝經。手指的收放，鍛鍊了心包經和三焦經。如此鍛鍊這些經絡，有醒腦明目、疏肝理氣、清利肝膽邪熱的作用，可防治肝膽疾病、心血管系統疾病、頭顱部病症等。

第28式　進步栽捶

【動作1】重心略向後移，鬆右腿，右腳外撇45°，腳趾向西北。（圖4-170）

【動作2】重心前移，坐實右腿，左腳腳跟乘勢離地，成虛步。（圖4-171）

圖4-170

> 呼吸法　身向右轉，右掌收至右胯前變拳，左掌環至右腹前時，為吸（圖4-170、圖4-171）。

圖4-171

【動作3】左臂環至右腹前（掌腹之間的距離約3平拳），掌緣朝前，掌心朝下，指尖朝右。右掌握成拳置於右胯旁（拳胯之間的距離約1平拳），拳心朝上。與此同時，邁出左腿，腳跟著地，腳掌虛懸。（圖4-172）

【動作4】踩平左腳，乘勢蹬右腿，弓左腿，成左弓步。與此同時，左掌摟過左膝前收至左膝旁；右拳內旋，拳面朝前，拳眼朝上，向前下方折腰擊出，略低於左膝。頭對正西，眼看前下方。（圖4-173）

呼吸法　邁出左腿，摟出左掌，下栽右拳時，為呼（圖4-172、圖4-173）。

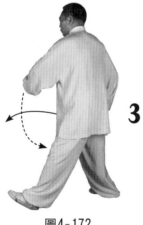

圖4-172

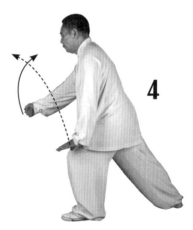

圖4-173

要點❶ 本式的運動著重於左右胸肌交替地變換虛實，使脊柱神經得到鍛鍊，更多地舒展活動背部肌肉。背部脊柱兩旁是膀胱經的通行部位，刺激膀胱經能提高機體免疫力和抗病治病能力，還能防治與五臟六腑功能有關的組織、器官病證。

要點❷ 此式上身往前傾斜45°，使後脊柱椎骨和椎盤之間的空隙拉大，有利於各椎盤裡面的液體新陳代謝；腰肌、韌帶前俯適當的拔拉，加快加大局部血液循環，有效地防治腰椎病和腰椎間盤突出症。

第29式 上步攬雀尾

【動作1】重心略向後移，鬆左腿，左腳外撇45°，腳趾向西南。與此同時，左臂外旋，掌心朝右，成掤狀；右臂內旋，鬆拳變成掌，掌心朝下。面向正西，兩眼平視。（圖4-174）

【動作2】重心前移，坐實左腿，鬆右腿，右腳成虛步，腳跟離地。與此同時，右掌由右向左前環至腹前，掌心側朝裡；左臂向裡合，左腕略與肩平，左掌心側朝下。左臂在上，右臂在下，成合狀。面向西南。（圖4-175）

【動作3】坐實左腿，向前邁出右腿（正西方向），腳跟輕著地，腳掌虛懸。（圖4-176）

【動作4】踩平右腳的同時，乘勢蹬左腿，弓右腿，成右弓步。右臂往上掤至胸前，右掌心朝裡，指尖略高

於肘；左掌下採至右腕下方（中指尖距右小臂內關穴大約1平拳距離），左掌心側朝外。面向正西，兩眼平視。（圖4-177）

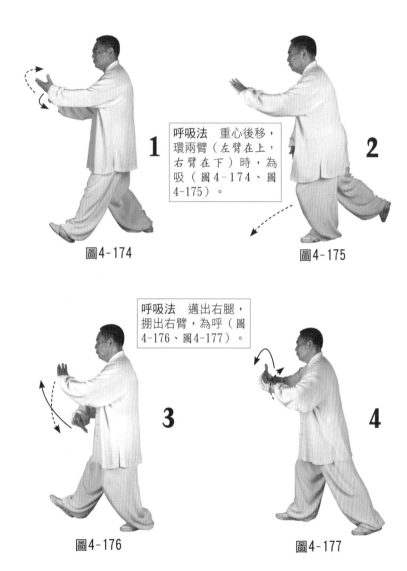

呼吸法 重心後移，環兩臂（左臂在上，右臂在下）時，為吸（圖4-174、圖4-175）。

1

2

圖4-174

圖4-175

呼吸法 邁出右腿，掤出右臂，為呼（圖4-176、圖4-177）。

3

4

圖4-176

圖4-177

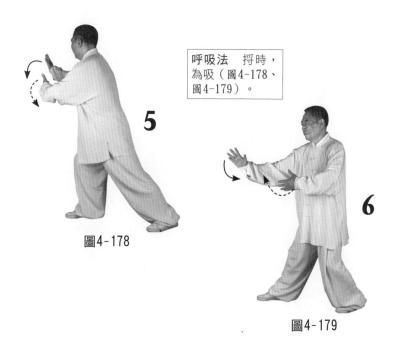

呼吸法　掤時，為吸（圖4-178、圖4-179）。

5

圖4-178

6

圖4-179

掤

【動作5】以腰帶上體往右轉至西北方向，同時兩臂旋翻，右臂向外旋，右掌心側朝外，指尖略高於肘；左臂向裡旋，左掌心側朝裡，兩掌心側相對。面向西北。（圖4-178）

【動作6】上體隨腰左轉，同時逐漸將重心移至左腿，放鬆右腿。兩臂隨轉體掤至西南方向。面向西南。兩眼平視。（圖4-179）

擠

【動作7】上體隨腰右轉至正西方向的同時,右臂向內旋,成掤狀,掌心側朝裡;左臂向外旋,掌心側朝外,然後左掌搭在右小臂上(左掌勞宮穴搭在右小臂內關穴上)。(圖4-180)

【動作8】在轉體搭臂的同時,蹬左腿,弓右腿,成右弓步。兩掌乘勢向前擠出。面向正西,兩眼平視。(圖4-181)

呼吸法 擠時,為呼(圖4-180、圖4-181)。

圖4-180

圖4-181

按

【動作9】用左掌心勞宮穴往前抹向右手的列缺、合谷、商陽穴,然後兩掌左右分開,與肩同寬,掌心均朝下。(圖4-182)

【動作10】重心後移,坐實左腿。與此同時,兩肘下沉,兩掌收至胸前,坐腕立掌,兩掌心側朝前。(圖4-183)

【動作11】蹬左腿,弓右腿,成右弓步。兩掌乘勢向正前方按出,意在兩掌心勞宮穴。面向正西,兩眼平視。(圖4-184)

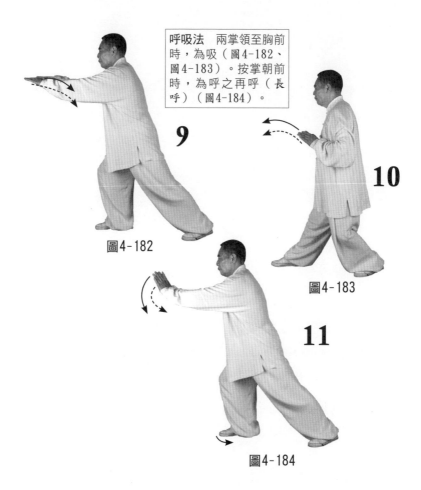

呼吸法 兩掌領至胸前時,為吸(圖4-182、圖4-183)。按掌朝前時,為呼之再呼(長呼)(圖4-184)。

9

10

圖4-182

圖4-183

11

圖4-184

要點　本式中掤、捋、擠、按的動作，加強了兩臂旋轉纏繞，可提高對肺經、大腸經、心經、小腸經、心包經和三焦經的刺激強度，起到清熱宣肺、調理腸胃、理氣化滯、養心寧神等作用。

第30式　雲單鞭

【動作1】重心逐漸移向左腿，鬆右腿，右腳乘勢裡扣135°，腳趾向東南。兩臂環弧至左後方。左掌往後掤推出，掌心側朝東。右掌掤至左胸前，掌心朝裡。面向正東。（圖4-185）

【動作2】重心逐漸移向右腿，乘勢碾順左腳（即與右腳趾同一方向）成虛步，腳跟虛懸。與此同時，兩臂環弧至右後方（西南方向），左掌掤至右胸前，掌心朝裡；右手屈腕撮指成勾手。面向西南，眼看勾手。（圖4-186）

【動作3】坐穩右腿，提左腿向正東方向邁出，腳跟著地，腳掌虛懸。（圖4-187）

【動作4】上體左轉的同時左臂坐掌往前掤推出，勾手略向後撐。與此同時，踩平左腳，乘勢蹬右腿，弓左腿，成左弓步。身偏東南，面向正東，兩眼平視。（圖4-188）

要點　與第14式相同。

呼吸法　左掌掤，右掌隨，兩臂向左後雲動至正東方向時，為吸（圖4-185）。兩臂向右後雲動至西南方向勾手翻掌時，為呼（圖4-186）。

1

圖4-185

2

圖4-186

呼吸法　邁出左腿，腳跟點地時，為吸（圖4-187）。左掌外旋推向正東方向，勾手略向後撐時，為呼（圖4-188）。

3

圖4-187

4

圖4-188

● 第三段

跟我學第三段

第31式　下　勢

【動作1】坐實左腿，右腳乘勢外撇90°，腳趾向西南，重心略移右腿。（圖4-189）

【動作2】右膝尖對著右腳尖漸漸屈膝下蹲，左腿逐漸鋪成仆步（注意保持虛領頂勁，尾閭中正）。與此同時，左掌收至左胸前，坐腕立掌，掌心側朝外；右勾手略向後撐，右肘右膝相對。（圖4-190）

【動作3】左掌扣腕下垂至左腹前，然後坐腕穿掌沿大腿內側朝前穿至左腳面前，掌心側朝外，指尖朝前。面向東南，眼看前方。（圖4-191）

要點❶　下勢使胯根襠部開圓，使腹腔氣血充盈；脊柱節節鬆沉，骶骨得力，內氣貫注會陰穴，增強了任脈、督脈、衝脈之脈氣。具有回陽升壓、補腎固精的作用，對二便不利、遺精、前列腺炎、前列腺增生症、痔瘡、脫肛等疾病有療效。

呼吸法 收左掌,蹲右腿,仆左腿時,為吸(圖4-189~圖4-191)。

圖4-189

圖4-190

圖4-191

要點❷　楊氏太極拳的下勢動作要求極為嚴格，它不要求能下勢到「一」字步，但它要求：在單鞭定式時，先將後腳（右腳）外撇90°，然後右膝蓋對準右腳尖緩慢下蹲，以膝蓋頭不超過右腳尖為準，也不允許右膝蓋頭往外撇或往裡裏，以防止傷害半月板。下蹲時絕不允許膝蓋頭左右歪動，否則也會傷害膝蓋關節裡的半月板。下勢時右勾手的右臂不應該晃動，要保持平穩，就像一桿秤，以便讓左下肢向前平穩擦進。此時上身始終要保持正直，就像潛艇下沉時的塔臺，絕不可以下蹲時哈腰勾脖子。拳諺說：低頭貓腰中樞死。哈腰勾脖會引起頭腦暫時性缺血缺氧，甚至出現事故。

第32式　上步七星

【動作1】重心前移，繼續穿掌朝前往上，左腕略與肩平，右腳乘勢裡扣90°，腳趾向東南。隨後重心後坐，左腳乘勢外撇45°，腳趾向東北，腳掌虛懸。（圖4-192）

【動作2】隨後右手鬆勾手，握成拳，收至右肋旁（離期門穴2平拳距離）；與此同時，左手也握成拳。兩拳拳心均朝下。（圖4-193）

【動作3】踩平左腳，右腿乘勢向前上一步，腳趾向正東，腳掌輕著地，成虛步。左拳橫擊至右胸前，右拳出擊至左胸前，置於左拳下方。兩臂搭成斜「十」字（左小臂養老穴搭在右小臂列缺穴上），相交於胸部膻

呼吸法 左腿漸漸前弓，左掌
隨勢前穿，右腿漸漸蹬直時，
為呼（圖4-192）。鬆勾手握
成拳，環至右肋外，左掌握成
拳時，為吸（圖4-193）。

1

圖4-192

2

圖4-193

3

呼吸法 右腳前邁，腳
掌著地，左拳掤，右拳
橫擊（從左拳下）時，
為呼（圖4-194）。

圖4-194

中穴正前方（拳胸之間的距離約2平拳）。兩拳拳眼斜
朝裡，坐腕裡扣。面向正東，兩眼平視。（圖4-194）

要點❶ 由下勢過渡到上步七星時，內氣由會陰穴

行至長強穴再至百會穴，可增強任、督二脈的脈氣。具有清熱開竅、健腦寧神、回陽固脫、平肝息風的作用，並對臟器下垂有提升作用。

要點❷　從下勢到上步七星，右腳應該一步到前，不可碰地。要做到這一步，右勾手變掌，右手右腿合氣向前的同時，左腹部溝（即拳中所說的胯）往後沉收，使丹田之氣產生左旋之渦，啟動腎氣上達百會穴和四肢百骸。

第33式　退步跨虎

【動作1】提右腿，以外「八」字形向右側後撤步，腳掌著地。然後坐實右腿，鬆左腿，左腳成虛步，腳跟離地。右臂外旋，拳心翻朝上，抽至右胯旁（拳胯之間的距離約1平拳）；左拳略向前伸，拳眼朝右。（圖4-195）

【動作2】坐實右腿，身向左轉，同時左腳右挪半腳掌，腳掌著地，成左虛步。與此同時，右臂外旋，鬆拳變掌，上環至右額前上方，掌緣朝上，掌心側朝外，指尖朝左；左臂同時鬆拳變掌，下環至左胯旁（掌胯之間的距離約1平拳），掌心朝下，指尖朝前。面向正東，兩眼平視。（圖4-196）

要點❶　本式兩臂上下相環時，有舒展拔身之感，可調達氣息，清肝潤肺，開胃健脾，寧心安神。腳跟、腳掌的活動可鍛鍊足三陰經、足三陽經，從而起到

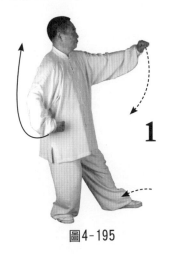

呼吸法 撤右腿，抽右拳，坐
實右腿時，為吸（圖4-195）。
右拳變掌上環，左拳變掌下按
時，為呼（圖4-196）。

圖4-195

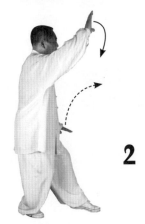

圖4-196

調理三焦、寬胸理氣、舒筋活絡、利關節的功效。

要點❷ 參看第5式白鶴晾翅式。

第34式 轉身擺蓮

【動作1】右臂往下往左環至左腋前，左臂由下往
上往右環至右胸前。左臂在上，右臂在下。兩掌掌心均
朝下。（圖4-197）

【動作2】以右腳掌為軸向右後轉體，左腳跟離
地，左腳掌隨勢跟轉。與此同時右臂由裡向外環大平弧
至西北方向；左臂隨之環至右胸前，左掌低於右臂。面
向西北。（圖4-198）

呼吸法　兩臂相環（*左臂在上，右臂在下*）時，為吸（圖4-197）。身向右轉至西北方向時，為呼（圖4-198）。

圖4-197

圖4-198

【動作3】提左腿向右旋踢，右腳掌隨轉。左腳落步東北，右腳趾向正東。隨後坐實左腿，右腳成虛步，腳跟離地。與此同時，兩臂平環至東南方向，右臂在前，左臂在後。左掌在右肘內側，兩掌心均朝下。面向東南。（圖4-199）

【動作4】站起左腿，提右腿，右腳尖自然下垂，腳面略繃。（圖4-200）

【動作5】右腿懸空後伸，隨即右腳背由後往前、往左、往上、往右擺踢。與此同時，兩掌由右往左，左掌在前，右掌隨後，迎擊拍打右腳面。（圖4-201）

呼吸法　再轉至東南方
向，提起右腿時，為吸
（圖4-199、圖4-200）。

3

圖4-199

4

圖4-200

5

圖4-201

【動作6】拍打完畢後，屈收右腿，右腳尖自然下垂，腳面略繃。兩臂置於左側，成採狀，兩掌心朝下。面向東北，兩眼平視。（圖4-202）

要點❶ 右腿擺踢、雙掌迎擊的動作，加強了腹肌、胸背肌的螺旋運動，加大了對手、足三陰經和手、足三陽經的刺激強度，有利於全身氣血暢通，胸部寬舒，腹部充實，有利於防治呼吸系統、精神神經系統和心血管系統的病證。

要點❷ 擺蓮式中的右腿以肚臍高的水平方向從左到右進行了180°的圓形活動，防治股骨頭粘連，增加股骨頭的骨密度和其周圍肌肉、韌帶的力度、強度，增強下肢活動的強度和穩定度，在練完套路後增加幾分鐘的左右擺蓮鍛鍊，對雙側股骨頭大有裨益。

呼吸法 擺蓮時，為呼（圖4-201、圖4-202）。

圖4-202

第35式 彎弓射虎

【動作1】坐左腿，落右腿（東南方向），腳跟輕著地，腳掌虛懸。（圖4-203）

呼吸法 落右腳，兩掌下環時，為吸（圖4-203）。

圖4-203

【動作2】上體右轉，踩平右腳。乘勢蹬左腿，弓右腿，成右弓步。與此同時，兩臂環弧，經胯前向上環至右胸前方，兩掌逐漸握成拳。（圖4-204）

【動作3】左拳向左前方擊出（東北方向），拳眼朝上，拳面朝前；與此同時，右拳上環置於右額角旁（距太陽穴1平拳距離），拳眼朝下，拳面朝前。面向東北，兩眼平視。（圖4-205）

要點 此式加強內氣上頂百會穴，下貫湧泉穴，刺激督脈和腎經。雙拳旋腕旋臂擊出，刺激心經、小腸經、心包經、三焦經。從現代醫學來看，加強兩臂旋腕和旋臂的運動，可更多地影響主動脈弓和頸動脈竇上的壓力感受器，從而使支配心臟活動的中樞神經得到鍛

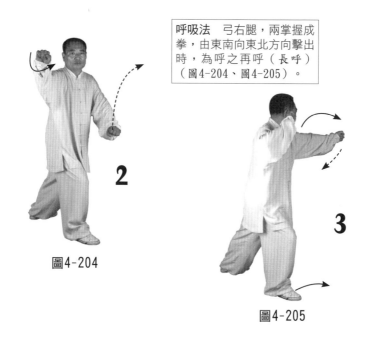

呼吸法 弓右腿，兩掌握成拳，由東南向東北方向擊出時，為呼之再呼（長呼）（圖4-204、圖4-205）。

2

圖4-204

3

圖4-205

錬，增強協調能力，達到降壓和擴張冠狀動脈的效果。

第36式　進步搬攔捶

【動作1】上體左轉，坐實左腿，鬆右腿，腳掌虛懸，右腳乘勢裡扣45°，腳趾向正東。與此同時，鬆左拳變成掌，平環至右胸前，掌心側朝上；右拳前伸，拳心朝下，拳眼朝左。（圖4-206）

【動作2】坐左腿，略後收右腿，腳跟離地。兩臂乘勢由下往上環至左胸前方。左臂屈臂坐掌，右拳置於胸前，拳心側朝裡。（圖4-207）

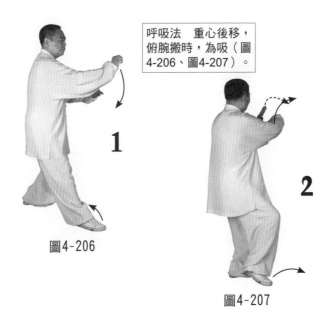

呼吸法　重心後移，俯腕搬時，為吸（圖4-206、圖4-207）。

圖4-206

圖4-207

【動作3】提右腿向東南方向邁出，腳跟著地，腳掌虛懸。與此同時，兩臂由左往右環擊至東南方向（兩腕略與肩平）。右拳背在前，左掌隨之，拳掌相距約1平拳距離。面向東南。（圖4-208）

【動作4】踩平右腳，乘勢邁出左腳，腳跟著地，腳掌虛懸。與此同時，左臂坐腕立掌，左掌向正前方推出；右拳抽至右胯旁（拳胯之間的距離約1平拳），拳心朝上，拳眼朝外。面向正東，兩眼平視。（圖4-209）

【動作5】踩平左腳，乘勢蹬右腿，弓左腿，成左弓步。與此同時，右拳內旋，拳面朝前，拳眼朝上，向正前方擊出；左掌由前收至右腕內側（左掌勞宮穴對著右

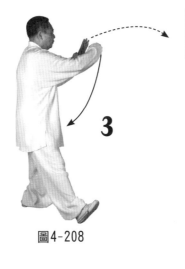

圖4-208

呼吸法　翻腕搬時，為呼（圖4-208）。上步攔時，為吸（圖4-209）。

圖4-209

小臂內關穴，相距約1平拳）。面向正東，兩眼平視。（圖4-210）

要點　兩臂旋腕環繞前進，著重鍛鍊小腸經、心包經、心經、胃經、脾經、肝經。有利於防治消化不良、噎食、積食、脅肋疼痛等，也可防治所屬經脈的臟腑產生的病證。

呼吸法　出捶時，為呼（圖4-210）。

圖4-210

第37式 如封似閉

【動作1】左臂後收至離右胸前1平拳距離時,左掌外旋,掌心翻朝上,橫插至右腋前。右臂同時向左環。(圖4-211)

【動作2】上體向右轉至東南方向,乘勢重心後移,坐右腿。右拳環至左肩前,鬆拳變成掌;左臂沿著右臂下方向前環抹。兩掌掌心均朝上。(圖4-212)

【動作3】上體向左轉至正東方向,兩臂旋翻,兩掌領至胸前(掌胸之間的距離約1平拳),兩掌掌心均朝前。(圖4-213)

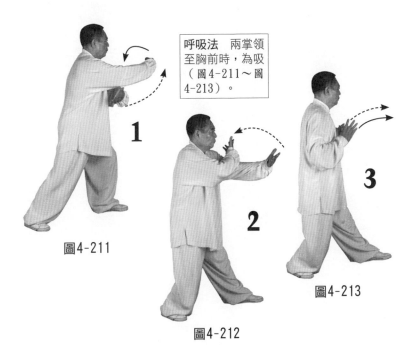

呼吸法 兩掌領至胸前時,為吸(圖4-211～圖4-213)。

1

2

3

圖4-211

圖4-212

圖4-213

【動作4】蹬右腿，弓左腿，成左弓步。與此同時，兩掌向前按出，意在兩掌勞宮穴。面向正東，兩眼平視。（圖4-214）

要點❶　本式意念著重於掌心勞宮穴和腳底湧泉穴，可加強刺激心包經和腎經，具有通心絡、開神竅的作用，有利於防治心血管系統、消化系統和生殖泌尿系統疾病。

要點❷　如封似閉式，如封，拳勢外形就像斜貼的封條；似閉，用雙手各推一扇門關上。從內涵上看，體內之氣先裹成渾元之氣，然後大幅度地舒放，以配合一套拳運動下來的全身氣血舒張與收縮的弛張功力。

> **呼吸法**　雙掌朝前按出時，為呼之再呼（長呼）（圖4-214）。

圖4-214

第38式 「十」字手

【動作1】重心後移，身向右轉，鬆左腿，左腳乘勢裡扣90°，腳趾向正南。與此同時，兩臂向左右兩側分展開，兩腕略與肩平，兩掌掌心側朝下。面向西南。（圖4-215）

呼吸法　左腳裡扣90°，身體由正東右轉至正南時，為吸（圖4-215）。

圖4-215

【動作2】重心移向左腿，鬆右腿，右腳成虛步，右腳跟微離地面。與此同時，兩臂環下弧，沉至兩胯外（掌胯之間的距離約3平拳），兩掌掌心均朝下。（圖4-216）

【動作3】坐穩左腿，收右腿，踩成馬步，兩腳腳趾均朝正南。與此同時，兩臂向上環，搭成斜「十」字（右小臂內關穴搭在左小臂外關穴上），合於胸前腹中穴正前方（掌胸之間的距離約2平拳），兩掌掌心均朝

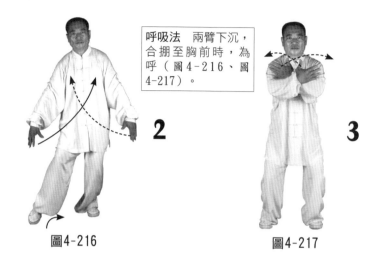

呼吸法　兩臂下沉，合掤至胸前時，為呼（圖4-216、圖4-217）。

2

3

圖4-216

圖4-217

裡。面向正南，兩眼平視。（圖4-217）

　　要點　本式中兩臂大幅度的開合動作，可增加心肺的輸氧量，提高心經、肺經的脈氣；兩腳踩實湧泉穴，加強腎經的脈氣，這樣就更有效地防治精神神經系統、心血管系統和呼吸系統的疾病。

第39式　收　勢

　　【動作1】兩腿漸漸站直，兩腳踩實湧泉穴。兩臂向前擠出，然後左右兩側分開，與肩同寬，兩掌心勞宮穴側相對，指尖均朝前。（圖4-218）

　　【動作2】兩掌裡旋，掌心均朝下，指尖朝前。（圖4-219）

　　【動作3】鬆肩、墜肘、沉腕、帶掌漸漸下採至兩胯前（掌根與胯之間的距離約1平拳），兩掌掌心均朝

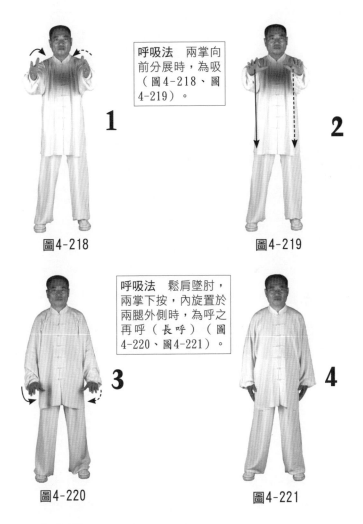

呼吸法　兩掌向前分展時，為吸（圖4-218、圖4-219）。

1

圖4-218

2

圖4-219

呼吸法　鬆肩墜肘，兩掌下按，內旋置於兩腿外側時，為呼之再呼（長呼）（圖4-220、圖4-221）。

3

圖4-220

4

圖4-221

下，指尖均朝前。（圖4-220）

　　【動作4】兩掌外旋置於兩腿外側，中指按住風市穴，兩掌掌心均朝裡，指尖均朝下。面向正南，兩眼平視。（圖4-221）

要點❶　本式中兩臂上舉下按和腳踩湧泉穴的運動，提高了對肺經、大腸經和腎經的刺激強度，增加了這些經脈的脈氣，起到了清熱宣肺、調理腸胃、寧心安神的作用。

要點❷　起勢的速度與收勢的速度是否一樣，可鑒定你整套拳運動中的自控能力是否一致；在收勢時有無愉悅感覺，可檢驗你整套拳演練中是否處處做到「骨架工整，氣血自流」。在收勢中出現煩躁、心神不定、收勢方向改變等現象，說明你神不守舍或有記憶力衰退的預兆，提示你要注意「聚精」「會神」。

收勢之後要留2至3分鐘做提肛、提會陰活動，方法是快提慢放，即1秒鐘上提，3秒鐘放鬆還原，如此反覆2至3分鐘。這樣的練習可康復前列腺炎、前列腺肥大，也可鍛鍊二陰括約肌，以防大小便失控。

整套39式楊氏養生太極拳練習下來，呼吸深長，減輕了心臟、肺腑一倍的工作量，使五臟既得到休息又得到「清洗」，而保證了健康。俗話說：「五臟健康，外表發光，男士俊美，女士漂亮」，也源自此理。

太極拳講剛勁時發出的勁叫「寸勁」，從醫學角度上看，肌肉纖維要得到鍛鍊，無非是抻拉和收縮，但抻拉不可過度，過度了會加速肌肉老化和傷害，發勁不超1寸是最佳狀態。所以，俗話說：「筋長一寸，延壽十

年。」

39式楊氏養生太極拳演練過程中，只要是弓步，前腿膝蓋曲度應控制在70°，弓步的力點在髖關節和腳底，膝關節應該沒有受力感覺，後腿膝蓋感覺應該和前弓腿的膝關節不受力的感覺一樣。否則膝關節容易受傷。

在演練39式楊氏養生太極拳中任何招式時，都必須達到放鬆「命門」穴，命門穴是生命之門，命門穴不通暢，氣血受阻，勢必影響生命。

39式完整演示

後　記

　　2007年7月，由北京科學技術出版社出版了我撰寫的《拳療百病》一書，10年來暢銷全國。外交部領導在新華書店看到《拳療百病》一書後，認為實用，邀請我從無錫到北京外交部、中聯部教授39式楊氏養生太極拳。由於此套拳健身和康復效果顯著，外交部和中聯部有關部門專門為我拍攝了一整套養生太極拳系列教學片，供內部學習。

　　此後，很多有健康問題的人慕名來無錫拜師學習39式楊氏養生太極拳，經過一段時間的習練，他們的病症都已康復或明顯好轉。

　　陸洪章，某科技公司總經理，患哮喘病多年，嚴重時整夜不得眠，經國內國外名醫治療都無效。4年前慕名前來我處求醫學拳，我教授他按摩治療哮喘的特效穴位，很快好轉。為鞏固療效，教他學39式楊氏養生

陸洪章在南極

太極拳。今年春節前他去南極
嚴寒地區都未復發。

　　章磊，15歲時入選省級
少年體校學練西洋擊劍，練弓
步進攻刺殺無數次。由於不懂
得膝關節卸力技巧，數年下
來，膝關節嚴重受損，舉步艱
難，不能抬腿。經過習練39
式楊氏養生太極拳1年，膝關
節病明顯好轉。

章磊

　　王麗，由於先天不足，後
天不調，身體一直虛弱，自汗
多年不癒，有時虛弱到切不出
脈搏。我予之一味中藥長期代
茶飲，自汗症狀消失。又經
過習練39式楊氏養生太極拳2
年，現已恢復健康。

王麗

　　荊偉，由於工作需要，抽
煙喝酒應酬過度，後來肺部動
了大手術，出院後一直行步艱
難，身體虛弱。學練半年39
式楊氏養生太極拳後，逐步康
復。現在堅持每天練拳，身強
力壯，精力充沛。

荊偉

周文培，某航空公司高管，由於工作壓力大，抑鬱症狀明顯。經過學練39式楊氏養生太極拳後，心情舒暢，神采奕奕，工作勁頭倍增。

周文培

屈指算來，《拳療百病》一書出版至今已經10年了，我在這10年的教拳經歷中又積累了不少健身療病的好方法、好經驗，特編撰此書，以供太極拳愛好者、保健養生者和慢性病患者學練。

在編寫和拍攝過程中，得到了眾多朋友的支持和幫助。特此向他們表示衷心的感謝：

于曉紅、馬漢清、馬莉、王麗、王軒、尤福寶、尹宏斌、葉紅耘、朱衛豐、楊琦、楊福良、汪克強、張克平、張直元、張碧瑩、陸洪章、周文培、趙芳、荊偉、施娟、施勤、姚德義、徐文明、郭如一、黃飛明、黃鳳珠、章磊、詹智媛、潘安江。

戈金剛

歡迎至本公司購買書籍

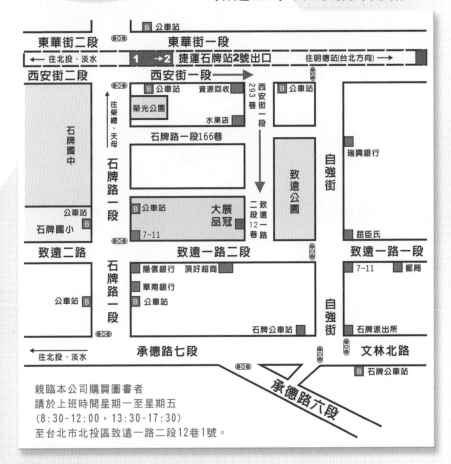

親臨本公司購買圖書者
請於上班時間星期一至星期五
(8:30-12:00，13:30-17:30)
至台北市北投區致遠一路二段12巷1號。

建議路線
1. 搭乘捷運
　　淡水信義線石牌站下車，由月台上二號出口出站，二號出口出站後靠右邊，沿著捷運高架往台北方向走(往明德站方向)，其街名為西安街，約80公尺後至西安街一段293巷進入(巷口有一公車站牌，站名為自強街口，勿超過紅綠燈)，再步行約200公尺可達本公司，本公司面對致遠公園。

2. 自行開車或騎車
　　由承德路接石牌路，看到陽信銀行右轉，此條即為致遠一路二段，在遇到自強街(紅綠燈)前的巷子左轉，即可看到本公司招牌。

國家圖書館出版品預行編目資料

拳療百病　39式楊氏養生太極拳／戈金剛　戈美葳　著
——初版——臺北市，大展，2019〔民108.9〕
　　面；21公分——（楊式太極拳；15）
　　ISBN 978-986-346-258-3（平裝；附數位影音光碟）
　　1.太極拳　2.養生
528.972　　　　　　　　　　　　　　　　108011127

拳療百病　39式楊氏養生太極拳　附DVD

著　　者／戈　金　剛・戈　美　葳
責任編輯／苑　博　洋
發 行 人／蔡　森　明
出 版 者／大展出版社有限公司
社　　址／台北市北投區（石牌）致遠一路2段12巷1號
電　　話／(02) 28236031・28236033・28233123
傳　　真／(02) 28272069
郵政劃撥／01669551
網　　址／www.dah-jaan.com.tw
E-mail／service@dah-jaan.com.tw
登 記 證／局版臺業字第2171號
承 印 者／傳興印刷有限公司
裝　　訂／眾友企業公司
排 版 者／千兵企業有限公司
授 權 者／北京科學技術出版社
初版1刷／2019年（民108）9月
　　　　　　　　　　　　　　　　　定　價／380元

●本書若有破損、缺頁請寄回本社更換●

大展好書　好書大展
品嘗好書　冠群可期